Coleção *Vértice*
72

O NAMORO

Em um mundo supersexualizado

Conheça nossos clubes

Conheça nosso site

@editoraquadrante
@editoraquadrante
@quadranteeditora
Quadrante

THOMAS G. MORROW

O NAMORO

Em um mundo supersexualizado

4ª edição

Tradução
Claudio Rigo

São Paulo
2023

Título original
Christian courtship in an oversexed world

Copyright © 2019 Thomas G. Morrow

Capa
Gabriela Haeitmann

Dados Internacionais de Catalogação na Publicação (CIP)

Morrow, Thomas G.
    O namoro em um mundo supersexualizado / Thomas G. Morrow; tradução de Claudio Rigo. – 4ª ed. – São Paulo : Quadrante, 2023.

    Título original: *Christian courtship in an oversexed world*
    ISBN: 978-85-54991-95-1

    1. Namoro - Aspectos religiosos - Cristianismo 2. Namoro (costumes sociais) Igreja Católica 3. Sexo - Aspectos religiosos - Igreja Católica I. Título

CDD-241.6765

Índice para catálogo sistemático:
1. Relacionamento amoroso : Guias para namorados : Cristianismo 241.6765

Todos os direitos reservados a
QUADRANTE EDITORA
Rua Bernardo da Veiga, 47 - Tel.: 3873-2270
CEP 01252-020 - São Paulo - SP
www.quadrante.com.br / atendimento@quadrante.com.br

Sumário

Introdução 11
  O namoro 11
  Um sacerdote falando do namoro? 12

Escolher o cônjuge perfeito 17
  Pense na sua salvação 17
  A questão dos filhos 20
  Avaliar a comunicação 20
  Luzes vermelhas e sinais de alarme 21
  Não ter impedimentos para contrair matrimônio 22
  Relações ora quentes, ora frias 24
  Casar-se com quem vai ser a sua melhor amiga 24
  A química tem a sua importância 25
  É verdade que a aparência é importante? 26
  A independência em relação aos pais 26
  Os opostos se atraem? 28
  O desejo de melhorar 29
  Chegar à intimidade 30
  A questão monetária 32
  Observe-o/a 32
  Reze muito, mas use a cabeça 33
  Preparados? Prontos? Já! 34
  Em resumo 35

Entender o amor 37
  Ágape (amor divino) 38
  Amor conjugal ou amor de eleição 41
  Philía (amizade) 44
  Storgé (afeto) 47

Liberdade na moderação	49
Adiar os beijos até o casamento?	51
Eros	54
Em resumo	57
Um desafio importante: o namoro casto	**59**
Sagrada Escritura	59
Doutrina da Igreja	60
Quão longe é demasiado longe?	61
Uma nota sobre a pornografia	62
Aplicações práticas	63
Em resumo	64
Por que um namoro casto, um namoro cristão?	**67**
Aplicando-o aos quatro amores	68
O pensamento de João Paulo II	69
Dignidade da mulher	72
Os homens e a castidade	75
O sexo pré-matrimonial e o divórcio	76
Os cristãos estão realmente obcecados pelo sexo?	77
Em resumo	78
Viver um namoro cristão	**79**
Como viver castamente	80
O convencimento próprio	80
Domesticar os sentidos e dominar a imaginação	81
Os valores da castidade	81
O excesso de álcool	83
Pôr-se de acordo antes	83
Basta estar de acordo?	84
É possível mudar?	85
A graça	85
Sem transigências	86
Ideias práticas	87
Em resumo	87
Uma chamada ao pudor	**89**
O que é o impudico hoje em dia?	91
Que deve fazer uma garota?	92
A força do pudor	94
O perigo da beleza	95
Os homens opõem-se ao impudor feminino	96
Em resumo	97

O modelo bíblico de namoro 99
   Marcianos e venusianos 101
   As regras 102
   O namoro sem sexo fortalece o respeito 104
   Respeito e autoconfiança 105
   Em resumo 105

Estratégias no namoro cristão 107
   Você está preparado para o namoro? 111
   Evitar o excesso nas saídas 114
   Vestígios de hedonismo 116
   Até que ponto comprometer-se, estando prometidos? 118
   Qual é a melhor idade para o casamento? 119
   Consiga um emprego! 120
   «Agora estou livre e, portanto, posso fazer» 121
   Sentenças de nulidade 122
   Em resumo 124

Encontrar o príncipe encantado 125
   Plano de ação 126
   Cuide de si 127
   Atitude positiva 127
   Programe a sua vida 128
   Seja educada 128
   Pôr termo a relações complicadas 129
   Católicos solteiros *online* 129
   Outras ocasiões: jantares, eventos, atividades 131
   Este rapaz é religioso? 132
   Confiar no Senhor 133
   Em resumo 133

Buscar a mulher dos seus sonhos 135
   O duque voltou 135
   O homem cristão 137
   Onde procurar? 138
   Convidá-la para sair 139
   O romântico 140
   Em resumo 142

A comunicação 145
   O que o Eduardo pode fazer 147
   Faça dela a número um 149
   Demonstre-lhe alguma coisa mais que respeito ... 149

    Manifeste a sua mágoa racionalmente e com
        afabilidade 150
    O que a Valéria pode fazer 152
    Aborrecimentos simpáticos 152
    Deixar de criticar e não forçar 154
    «Senhor, por que nos fizeste tão diferentes?» 156
    Em resumo 157

Pecados anteriores e novos começos 159
    Pecados sexuais 160
    Doenças venéreas 161
    Aborto 162
    Homossexualismo e pedofilia 162
    Outras coisas do passado 163
    Pecados sexuais recentes 163
    A misericórdia de Deus 164
    Pecadores convertidos 166
    Em resumo 167

Como aceitar que se continue solteiro 169
    Buscai primeiro o Reino 170
    Ler os escritos dos santos 171
    Procurar apoio para viver a fé 172
    Concretizar metas de trabalho 173
    Aprender a viver com simplicidade 173
    Acabar com o excesso de televisão 175
    Em resumo 175

O matrimônio cristão (I): O amor, fonte do matrimônio ... 177
    O Sacramento-compromisso 178
    Respeite o seu cônjuge 183
    Revele a sua insatisfação delicadamente 183
    Fidelidade 184
    O que um marido pode fazer pela sua mulher 185
    O que toda a mulher pode fazer 189
    O que ambos podem fazer 189
    Como saber se preciso de ajuda? 190
    Em resumo 191

O matrimônio cristão (II): Os filhos, o fruto do
    matrimônio 193
    Explosão demográfica? 195
    «Vamos esperar um pouco» 196

A contracepção e o planejamento familiar natural	199
Quantos filhos?	200
A presença da mãe no lar	202
A simplicidade cristã	204
A educação	206
E sobre a escolarização no lar?	207
Em resumo	208
O noivado cristão	209
Falar com os pais	211
O noivado	212
Falar com um sacerdote	212
Os cursos de noivos	213
Despedida de solteiro	214
A última semana	215
Em resumo	215
Um casamento católico	217
Vestido discreto	217
A Missa nupcial	217
As leituras da Missa e outras leituras	218
Promessas	219
Música	219
Formato tradicional das bodas	220
Irreverências que se deve evitar	221
Não se compliquem	221
Em resumo	222

Introdução

O namoro

Podemos definir o namoro como a busca de uma profunda amizade que prepara um possível casamento. Para um moço e uma moça norte-americanos, porém, o esquema clássico do namoro consiste em «saírem» seriamente duas ou três vezes por semana ou mais, deitarem-se juntos após o terceiro encontro e casarem-se depois de aproximadamente ano e meio.

A consequência é que cerca de 50% deles se divorciam, e, no caso de terem tido relações antes de se casarem, as probabilidades de divórcio chegam a 74%. E isto sem mencionar a alta incidência de doenças venéreas (segundo os Centros de Prevenção e Controle das Doenças, 65 milhões de pessoas nos EUA padecem de uma doença incurável sexualmente transmitida), assim como os maus-tratos à mulher antes e durante a vida matrimonial.

Se você está satisfeito com o que acabamos de ver, não creio que este livro lhe agrade. Mas se acha que as coisas têm corrido mal nos últimos quarenta anos, que as perspectivas que se oferecem são um pouco desanimadoras, e que temos de iniciar um novo sistema de namoro, este livro pode ser exatamente o que você procura.

Se acha que pode encontrar algum remédio para essa penosa situação, leia estas páginas pensando em Jesus Cristo e na sua Igreja. Mas devo adverti-lo de que tudo o que encontrará nelas é um pouco radical, tão radical como o próprio Evangelho. É um livro dirigido aos que querem fazer as coisas como Cristo as faria, o que é algo realmente radical (e sempre o foi). No entanto, estou certo de que, se você puser em prática o que está escrito aqui, será feliz nesta vida e na outra.

Um sacerdote falando do namoro?

Saíamos juntos havia quase um ano, na realidade desde que nos conhecemos. Tinha o cabelo negro azulado, escuros olhos irlandeses, e era alegre e piedosa, de uma personalidade faiscante. Chamemo-la Judy McIntyre. Falávamos com frequência da possibilidade de nos casarmos, e deve ter sido por isso que a surpreendeu o que eu lhe disse certo dia:

– «Judy – disse-lhe –, não tem sentido continuarmos a nossa relação».

– «Por quê?» – perguntou decepcionada.

– «Porque vou ser sacerdote».

Judy e eu estávamos no ensino fundamental, na Escola de São Gabriel de Riverdale, Nova York, e não há dúvida de que éramos bastante precoces. Assim, aos seis anos de idade, terminou o meu primeiro grande romance. Tinha a certeza de que Deus me chamava para o sacerdócio.

Mantive esse propósito ao longo dos nove anos seguintes, optando por estudar latim nos dois primeiros anos da escola secundária com o propósito de preparar-me para o sacerdócio. Foi então que descobri as meninas. Brinquei com a ideia de fazer-me sacerdote de rito oriental para poder casar-me, mas, por fim, acabei por deixar totalmente de lado o pensamento do sacerdócio.

Passei a sair com meninas com maior frequência, tendo em mente casar-me. O meu primeiro grande amor no colégio (ou o segundo, com o devido respeito por Judy), foi uma californiana loura, de um caráter delicioso, e católica, ainda que só marginalmente. Depois de sairmos juntos durante vários meses, enamorou-se de outro estudante, com o qual veio a casar-se.

Mais tarde, concluídos os estudos universitários, fui trabalhar como engenheiro em Los Angeles, e lá apareceu-me Sally. Outra loura, que contava com o atrativo adicional de ser católica praticante. As coisas corriam às mil maravilhas até que, uns meses depois, preferiu um amigo por correspondência que havia concluído o serviço militar e que a conquistou plenamente.

Por último, foi Mary, de Belmont, Massachussets, que conheci quando trabalhava nos arredores de Boston. Procedia de uma encantadora e piedosa família católica e também ela o era. Respondeu à minha proposta com um «provavelmente», coisa que me encheu de grandes esperanças porque fora assim que a minha mãe havia respondido ao meu pai quando lhe perguntara o mesmo. Mas o «provavelmente» de Mary não era tão seguro como o de minha mãe. Com grande pesar meu, acabou por casar-se com um namorado anterior.

Dos dezoito anos até os trinta e três, procurei viver castamente. Ainda que saísse com moças católicas, tinha encontros frequentes com não-católicas, na insensata esperança de resolver com alguma delas as nossas diferenças religiosas antes de nos casarmos. Naquela época, entristecia-me ver que havia na Igreja muito poucos ambientes onde conhecer uma católica alegre e boa. Propus-me aproveitar a primeira oportunidade para ajudar os católicos solteiros a viver castamente e a conhecer outros com o mesmo ideal.

Aos trinta e um anos, comecei a rezar fervorosamente para que Deus me mostrasse qual era a minha vocação. Em lugar de rezar um terço diário, como fazia desde os catorze anos, comecei a rezar dois. Continuava a perguntar-me o que o Senhor desejava fazer da minha vida, disposto a aceitar o que Ele quisesse. Aos trinta e três, precisamente um ano depois de cortar com Mary, senti uma forte chamada para o sacerdócio. Todos os meus sonhos matrimoniais se desvaneceram e invadiu-me uma enorme felicidade.

Em 1977, entrei no Seminário de São Carlos, de Filadélfia, e em 1982 fui ordenado sacerdote e incardinado na arquidiocese de Washington. Ao longo do meu trabalho nas diversas paróquias a que fui destinado, fiz-me capelão de grupos de jovens, mas o meu trabalho mostrava-se inútil. Em 1991, fui transferido para a catedral de São Mateus e ali encontrei um grupo como os outros: reduzido e calado.

Uma tarde, estudando possíveis iniciativas, propus a esse grupo iniciar um curso sobre «relações cristãs num mundo supersexualizado». Eu havia observado que muitos jovens vinham rezar e confessar-se na Missa do domingo e também diariamente. Era provável que, com um bom programa, o projeto interessasse à gente jovem. Os oito que me escutaram responderam com grande entusiasmo.

Preparamos juntos um programa baseado na Sagrada Escritura; na *Declaração «Persona humana», sobre alguns pontos de ética sexual,* da Sagrada Congregação para a Doutrina da Fé, 1975; na obra *Os quatro amores,* de C.S. Lewis, e no livro *Amor e responsabilidade,* do futuro papa João Paulo II. Editamos alguns folhetos em cuja capa apareciam um moço e uma moça de aspecto feliz e distribuímo-los por todas as paróquias de que nos lembramos. O programa desenvolver-se-ia durante três sextas-feiras consecutivas, imediatamente depois do trabalho, e com pizza no intervalo.

Continuamos no outono seguinte com uma palestra mensal sobre a fé, e repetimos as reuniões num local maior, com a participação de 115 pessoas. Mantivemos essa atividade durante anos, com um rendimento satisfatório.

Aqueles jovens estavam felizes de que alguém lhes falasse de castidade e desejavam conhecer outros com ideias similares. Mencionei a possibilidade de criar grupos de solteiros do mesmo sexo. Comentei-lhes que, quando era um jovem recém-formado em Los Angeles, fora convidado para um baile de «solteironas». Aquelas mulheres, que eram tudo menos solteironas, haviam organizado o seu próprio grupo com o fim de criar um estilo pessoal de vida social.

Ninguém se mostrou entusiasmado com a minha sugestão de fazer o mesmo. Mas, vários meses depois, mencionei a ideia a duas jovens que me tinham pedido para atendê-las espiritualmente, e aconteceu que, poucas semanas depois, as duas decidiram aceitar essa iniciativa. Eu abordava todas as moças piedosas que via na Missa ou nas palestras mensais, convidando-as a unir-se ao nosso grupo. Passado algum tempo, teve lugar o primeiro encontro, ao qual assistiram umas dez moças. Reuníamo-nos mensalmente para rezar o terço e conversar sobre temas religiosos.

Três anos depois, os rapazes criaram um grupo paralelo, com a secreta esperança de se encontrarem socialmente de vez em quando com o grupo de mulheres.

Duas das moças mostravam-se preocupadas com a minha insistência em incluir no programa o tema da castidade. Estavam seguras de que não daria certo, pois achavam difícil encontrar homens que se interessassem por esse tema. Um ano depois, lembravam-me essa conversa, rindo-se do seu próprio ceticismo. Tinha funcionado. Na verdade, se não tivéssemos falado de castidade, o projeto teria fracassado. Mais tarde, uma delas disse-me: «Padre, eu sempre quis viver assim, mas não sabia como. Esta é a época mais feliz da minha vida».

Mas volto à pergunta inicial: que faz um sacerdote falando de castidade e do namoro?

Em primeiro lugar, tenho uma certa experiência pessoal. Por outro lado, muitos me pediram que pusesse por escrito as ideias que tinha exposto nuns seminários que dirigi em Washington. Em terceiro lugar, por ter trabalhado estreitamente com jovens desde 1992, tinha a certeza de que era possível haver um namoro cristão. Entusiasmava-me ver tantos católicos maravilhosos – muitos chegaram a ser amigos queridos – que triunfaram vivendo a sua fé e casando-se bem. Tudo isto me levou a decidir escrever as minhas conclusões, com a finalidade de ajudar os jovens católicos a sobreviver alegremente no meio da revolução pós-sexual.

Aqui vão essas conclusões[1].

---

(1) Para saber mais sobre o tema, podem-se visitar os seguintes sites: http://video.yahoo.com/watch/425873/2433736 e http://teologiadocorpo.com.br/ (N. do T.).

Escolher o cônjuge perfeito

Na sua maioria, os jovens procuram alguém que os atraia, com quem possam iniciar uma relação e – se não surgem grandes crises ao longo do caminho, ou mesmo que surjam – cheguem ao casamento. Uma vez casados, só resta esperar que o matrimônio dê certo.

Mas há uma via melhor: começar por definir bem o que se procura e depois pôr-se a caminho.

Pense na sua salvação

Essa pessoa que quero escolher ajudar-me-á a alcançar o Reino de Deus? Esta é a primeira indagação que se deve fazer. Para qualquer católico, o primeiro objetivo antes de iniciar qualquer tarefa deveria ser a sua própria salvação.

Que tipo de pessoa ajudará você a salvar-se? Pelo que tenho observado, a melhor escolha nos dias que correm é, sem dúvida, a de uma católica firmemente praticante. Por quê? Porque o ambiente de hoje é de uma verdadeira crise moral. Olhemos com objetividade para os obstáculos que os jovens enfrentam atualmente: clima favorável às relações sexuais durante o namoro; aborto e anticoncepção (muitos anticoncepcionais são abortivos); um só filho ou, quando muito, dois (os bons católicos tendem a superar a taxa média); desleixo ou indiferença quanto ao culto dominical; adiamento do batismo dos filhos e da educação na fé; escolarização sem dar preferência a uma escola católica de bom nível, etc. E a lista parece crescer de dia para dia.

Você vai compartilhar intimamente a sua vida com a pessoa com quem se casar. Ninguém na terra estará mais perto de você, nem o seu pai nem a sua mãe (cf. Gên 2, 24). Deseja realmente passar grande parte do tempo da sua vida de casado discutindo sobre a anticoncepção ou a assistência à Missa dominical? Não preferirá contar com alguém que o apoie em vez de brigar com você? Já é bastante difícil que cada qual se salve, e ainda por cima vai arrastar pela vida fora um cônjuge descontente?

Mas não é possível relacionar-se com uma pessoa não católica? Claro que é. Agora, se esses temas morais costumam ser difíceis entre católicos, quanto mais entre os não católicos! De qualquer modo, a questão resume-se em averiguar se a pessoa que você procura está aberta aos critérios morais da Igreja. E ainda que seja mais difícil, pode perfeitamente acontecer que encontre uma pessoa piedosa de religião protestante que entenda a bondade da nossa fé católica.

Que acontece se você encontra uma pessoa católica não praticante que parece encantadora? A minha opinião tem sido sempre a mesma: se durante os seis primeiros meses de namoro essas pessoas não passam a praticar sinceramente, é provável que nunca aceitem Cristo ou a Igreja.

Mas a responsabilidade não é algo pessoal? Sem dúvida. Por acaso, porém, você não procura garantir todas as probabilidades de êxito quando quer ganhar uma partida de beisebol ou vai assinar um contrato? Por que atar uma mão às costas quando o que está em jogo é a sua meta definitiva, a vida eterna?

Alguém poderia dizer-me: «Bem, padre, para o senhor isso é fácil de dizer, mas se já é difícil encontrar alguém que me agrade, será quase impossível se acrescentar mais condições!»

Estou de acordo em que o campo é realmente reduzido. Mas lembre-se de que Deus não lhe disse: «Já lhe dei uma vocação para o matrimônio. Agora mexa-se e procure alguém por sua conta». Deus está aí para ajudar. Se você disser: «Senhor, procuro alguém que Vos ame, e assim poderemos alimentar-nos mutuamente com esse amor», acha que Deus dirá: «Pois boa sorte»? Penso que dirá: «Ótimo. Vou ajudá-lo a encontrar alguém».

E como saber que alguém é bom católico? *O que você não deve fazer é perguntar, mas observar.* Porque é fácil que uma pessoa se declare boa católica, ainda que não tenha rezado nem entrado numa igreja durante anos. Comece por observar: Vai à Missa aos domingos? Confessa-se? Deseja viver a castidade, não por você, mas por Cristo? Reza habitualmente? Deseja rezar com você? Fala desses temas? (Costuma acontecer que, se alguém se nega a falar da sua vida espiritual, é porque não a tem. Se você anda pensando em casar-se com ele/ela, tem o direito de saber como se relaciona com o melhor amigo que você tem: Deus). Deseja conhecer melhor a fé através de leituras, etc.? Compreende que seguir Cristo e amar o próximo exige sacrifício?

À medida que o relacionamento se for desenvolvendo, surgirão oportunidades de você manifestar alguns aspectos da sua vida espiritual e ver como a pessoa responde. Se nunca obtém uma resposta, pode ser um pouco mais direto: «Quer que rezemos juntos alguma vez?» Se responde que se trata de uma questão demasiado pessoal, pode dizer-lhe que é precisamente o que você procura: uma relação pessoal. Ao fim e ao cabo, há algo mais pessoal que o matrimônio?

Não se vendam barato. Não transijam nesta matéria nem se rendam antes de começar, como fazem muitos. Encontrar um companheiro/a assim exige esforço, mas é perfeitamente possível, como já vi tantas vezes.

A questão dos filhos

Ele/ela quer ter filhos? Quer uma família numerosa, ou deseja limitar o número por temor ou egoísmo? A Igreja louva os esposos que «de comum acordo, ponderando bem, aceitam com magnanimidade uma prole mais numerosa para educá-la dignamente»[1].

Essa pessoa deseja dedicar tempo ao cuidado dos filhos? Será paciente com eles? Todo o pai ou mãe deve ser flexível e saber agachar-se ou sentar-se no chão ao lado dos filhos, entre lápis de cor e brinquedos desordenados.

É responsável? Pode ser firme e amável ao mesmo tempo? Algumas destas características serão difíceis de descobrir, mas se ambos passarem algum tempo falando de crianças – sobrinhos, sobrinhas ou filhos de amigos –, poderão conhecer-se neste aspecto. Não é preciso que o seu futuro cônjuge seja um psicólogo especializado em crianças, mas deve interessar-se por educar.

Avaliar a comunicação

Essa pessoa é boa comunicadora? Sabe dar-lhe a conhecer com tato o que a desgosta no seu comportamento? Se é dessas ou desses que depois dirão, por exemplo: «Ó seu vagabundo, você sempre deixa a sua roupa no chão!», não promete uma vida conjugal lá muito feliz. É necessário verificar se, pelo contrário, saberá pedir deste modo: «Querido, já sabe quanto

---

(1) Conc. Vaticano II, Constituição pastoral *Gaudium et spes*, sobre a Igreja no mundo de hoje, n. 50; e *Catecismo da Igreja Católica*, n. 2373.

lhe quero e como aprecio tudo o que você faz por mim. Por favor, poderia pôr a sua roupa suja na cesta? Assim me poupa muito trabalho».

A habilidade de elogiar o cônjuge quando se procura corrigi-lo dá bons resultados na vida de casados. O truque consiste em você ser capaz de fazer uma advertência de forma positiva, sem brigar. Falaremos mais sobre isto no capítulo da comunicação.

Luzes vermelhas e sinais de alarme

Ele/ela tem algum vício importante, como consumir drogas ou traficar com elas, ser um alcoólatra recuperado ou um jogador compulsivo? Qualquer desses vícios deveria fazer com que se acendesse imediatamente uma luz vermelha. Casar-se com uma pessoa assim equivale a um convite ao desastre. Se você costuma sentir-se atraído por esse tipo de gente, peça ajuda imediatamente!

Um dia, veio consultar-me uma jovem cujo namorado consumia e até vendia drogas. Disse-lhe: – «Livre-se dele hoje mesmo! É um problema!»

– «Mas eu o amo!», insistia ela.

– «O amor não vencerá o hábito da droga. Não faça de si uma infeliz por anos e anos em troca de um sentimento momentâneo».

Outra jovem perguntou-me se devia continuar o seu namoro: – «Ele reza o terço e costuma ir à Missa durante a semana, mas, bem, tenta praticar comigo uma relação sexual pervertida».

– «Fuja para os montes», disse-lhe. «Esse rapaz é um tremendo hipócrita». (Precisava mesmo de que eu lhe dissesse isso?!).

Outro perigo: ele/ela tem uns acessos de cólera intempestivos? A cólera é um veneno para o matrimônio. Se algum dos futuros cônjuges se mostra irritado durante grande parte do tempo, deve resolver essa falha antes do casamento, com uma terapia adequada.

Um homem contou-me que certa vez a sua esposa se tinha aborrecido com ele e passara duas semanas sem falar-lhe. Um comportamento verdadeiramente infantil! Quando você se aborrece com a pessoa amada, precisa de algum tempo para acalmar-se, mas depois deve ser capaz de falar. Usar o silêncio como arma é um completo disparate.

À pessoa que diz: – «Mas eu posso mudá-lo (ou mudá--la)», digo-lhe: – «Opte pela vida num convento, porque aí poderá reformar as pessoas sem ter que viver com elas»... Um reformador – dizia Gandhi – não pode permitir-se ter uma grande intimidade com a pessoa que se propõe reformar.

Não ter impedimentos para contrair matrimônio

Outro aspecto em que se deve ser muito cuidadoso é o de ter a certeza de que a pessoa está livre para contrair matrimônio. Se você descobre que essa pessoa esteve casada, a primeira coisa que tem de fazer é perguntar-lhe se já obteve a sentença de nulidade. Se o casamento anterior se deu à margem da Igreja, sendo ambos católicos – ou algum deles –, esse casamento não foi válido: conseguir a declaração de nulidade é pouco mais que uma formalidade. Mas se foi celebrado na presença do sacerdote, na Igreja, é necessária uma sentença de nulidade antes de se contrair um novo[2].

Que acontece se você pergunta à pessoa pela sentença de nulidade e a resposta é que não a tem? Recomendo-lhe

---

(2) Um não católico pode conseguir a sentença de nulidade na Igreja Católica se ela/ele quiser casar-se com um(a) católico(a).

que diga simplesmente: – «Se você conseguir a sentença de nulidade, peço-lhe que me avise e, nesse caso, se quiser, poderemos reatar a nossa relação». Acontece que há pessoas que não pretendem conseguir a declaração de nulidade, mas desejam manter o namoro. Essas pessoas não deveriam namorar ninguém.

Há casos em que não se trata de namorar, mas de saírem juntos, sem a intenção de contrair um novo casamento. A uma mulher que saía com um divorciado havia anos, sendo ambos católicos, perguntei-lhe se ele pensava na nulidade, e disse-me que não. Pedi-lhe que insistisse com ele para que o fizesse, mas ela tinha medo. Quando a vi uns anos depois, perguntei-lhe se tinham conseguido a sentença de nulidade. A resposta continuou a ser não. Disse-lhe: – «Essa pessoa nunca se casará com você». Recebeu mal o meu comentário, mas o caso não oferecia dúvidas. Tratava-se de um homem que aparentemente a amava, mas não queria casar-se com ela. É claro que nunca se casaram.

Lembre-se também de que nem todos os que solicitam a declaração de nulidade a obtêm. Não está garantida. É pouco aconselhável comprometer-se com alguém que se limitou a solicitá-la. Espere até que a tenha em mãos antes de iniciar o namoro.

Há pessoas divorciadas cujo cônjuge anterior se portou mal, não elas. Mas há outras que são responsáveis pelo seu divórcio, ainda que jamais o admitam. Você deve ser extremamente cauteloso e estudar bem o caráter da pessoa divorciada. Não basta a opinião dela, que costuma estar carregada de subjetivismo. Já a declaração de nulidade é mais objetiva e também por isso convém esperar pela respectiva sentença. Evite, portanto, envolver-se romanticamente com alguém que ainda não a conseguiu. *Sem ela, não há relação*: é uma boa regra a seguir. Os que são amavelmente firmes neste sentido evitam problemas e perdas de tempo.

Relações ora quentes, ora frias

Dão mau fruto as relações ora quentes, ora frias, quer dizer, maravilhosas um dia e no dia seguinte péssimas. Há pessoas tão agarradas ao sentimento do amor que são incapazes de romper com a relação, ainda que o parceiro seja um canalha: – «Não posso viver com ele, mas também não consigo viver sem ele (ou ela)». Se os seus sentimentos são esses, deve encontrar o modo de pôr fim a essa relação. É uma armadilha.

Uma moça vinha saindo com um homem que tinha tudo para ser considerado um mau companheiro. Fazia-a chorar continuamente, manipulava-a e tinham umas discussões tremendas. Ela rompia com ele uma vez e outra, mas acabava por reatar a relação. Perguntei-lhe se tinha algum passatempo na sua vida.

– «Só o Martinho», respondeu-me.

– «Não me estranha que não consiga romper com ele – disse-lhe –. Depois de umas semanas você fica entediada e telefona-lhe. Tem de sair e fazer algo entretido pelo menos uma vez por semana».

– «Mas eu trabalho o tempo todo».

– «Poderia procurar outro trabalho», sugeri.

Assim o fez. E pouco tempo depois rompeu com o Martinho.

Casar-se com quem vai ser a sua melhor amiga

A pessoa com quem você se case deve ser a sua melhor amiga. Isto é fundamental. Após uns anos de casados, a beleza física desaparece, mas a amizade perdura. A amizade baseia-se em compartilhar valores e pontos de vista. Será que vocês compartilham as mesmas crenças religiosas, os mesmos critérios morais, alguns interesses recreativos e intelectuais, pela arte, pela leitura, etc.? É possível aprender a compartilhar os interesses do outro em alguns aspectos, mas convém partir de uma boa base desde o princípio.

Há alguns anos, os amigos de uns noivos duvidavam de que esse casamento durasse. No entanto, as coisas foram melhorando de ano para ano. Um amigo perguntou-lhes qual era o segredo. O marido atribuía-o aos presentes de aniversário. Antes de casar-se, tinha sido um entusiasta da fotografia, mas abandonara o hobby ao ver o desinteresse da esposa. No primeiro aniversário de casamento, ela o presenteou com uma câmera. Tiraram juntos algumas fotografias e depois as revelaram. Ela sussurrou-lhe: «Este é o meu presente de aniversário, querido». Tinha estudado fotografia sem que ele o soubesse.

No ano seguinte, ele matriculou-se numas aulas de dança, e, enquanto dançavam uma valsa em comemoração da data do casamento, disse à esposa: «Este é o meu presente de aniversário, querida». Desde então, cada ano faziam presentes parecidos um ao outro, consolidando cada vez mais a amizade. E também o casamento.

A química tem a sua importância

– «O Horácio é perfeito em todos os sentidos, mas depois de dois anos de namoro noto que nos falta "química"». Se você pensa assim, as perspectivas de que venham a casar-se não são boas. Não é preciso que sinta arroubos ou formigamentos sempre que vê essa pessoa, mas deveria sentir-se atraído, e não frio.

Por outro lado, será que é importante você estar tão enamorado que lhe custe muito separarem-se por uns dias ou uns quilômetros? Não demasiado. E não é sintoma de que falte «química».

Aliás, se na sua vida passada você esteve enamorado(a) de alguém mais intensamente, não quer dizer que a pessoa a quem ama agora não seja a adequada. Não é necessário que sinta um arrebatamento sublime cada vez que a encontra. Sem dúvida, o amor passional tem sido exaltado na nossa cultura, especialmente através dos filmes, mas não é o único que importa. No entanto, quando existe uma autêntica atração pela outra pessoa, isso ajuda.

É verdade que a aparência é importante?

Que acontece com as mulheres deslumbrantes ou com os homens elegantes? As mulheres vistosas correm o risco de não dar valor a um relacionamento honesto e decente. E um homem elegante, se for demasiado consciente disso, enfrenta um forte risco de cair na vaidade. Será modesto, capaz de passar despercebido? (A humildade é um ingrediente indispensável para crescer na vida cristã). Ou é arrogante e procura chamar a atenção? Os homens discretos costumam ser bons maridos e bons pais.

A independência em relação aos pais

Há anos, um casal de namorados veio pedir-me conselho sobre a sua relação. Ela tinha seis anos mais que ele e isso os preocupava. Assegurei-lhes que a diferença de idade não era um obstáculo em si mesmo. O verdadeiro problema estava nos pais do rapaz, que não queriam ouvir falar do casamento do filho com uma mulher mais velha. Além disso, ele também temia ser rejeitado pelos pais dela. Disse-lhe que tinha de armar-se de coragem para dizer cortesmente aos pais que agradecia a preocupação pelo seu futuro, mas que era ele quem tinha de tomar as suas decisões. Se o rejeitassem por isso, estariam no seu direito, mas que ele esperava que não o fizessem, porque ia dar o passo que achava certo. Dirigindo-

-me à moça, disse-lhe que, se ele não enfrentasse os pais agora, provavelmente não o faria nunca, e que devia abandoná-lo. Infelizmente, o rapaz não seguiu o meu conselho e as coisas foram de mal a pior.

Outro rapaz veio pedir-me a opinião sobre o casamento com a sua noiva. Contou-me que, quando estavam juntos vendo a televisão, a mãe dela entrava e ficava com eles toda a tarde. Acrescentou que recentemente tinham saído para comprar os móveis do futuro lar e que a mãe os acompanhara intrometendo-se constantemente no que escolhiam. Fiz-lhe ver que se metia em cheio num grande problema. Não ia casar-se com uma mulher, mas com duas.

Outro par de namorados vinha saindo durante algum tempo e a coisa corria às mil maravilhas. Pouco depois, o jovem levou a sua mãe para passar um fim de semana em Atlantic City, e decidiu convidar também a namorada. Foi um desastre. As duas deram-se mal e foi o começo do fim, poucos meses depois[3].

Conclusão: tenham a coragem de dizer educadamente aos seus pais que lhes agradecem o carinho com que oferecem o seu conselho, mas que a decisão é somente de vocês dois: *O homem deixará o seu pai e a sua mãe, e unir-se-á à sua mulher* (Gn 2, 24).

---

(3) Os noivos devem estar preparados para um processo de *desvinculação afetiva* com relação à família de que procedem. Isto não significa que devam deixar de querer bem aos pais e irmãos, mas que esse afeto há de passar a ocupar um lugar secundário. Este ponto é importante tendo em vista que hoje em dia as famílias em que os noivos nasceram e cresceram são normalmente pequenas e o pai e a mãe estão excessivamente apegados ao filho ou filha casada. Com isso, tendem a intervir demasiado, impedindo que se desenvolvam uma intimidade e uma confiança sólidas entre os recém-casados, o que é frequentemente causa de desentendimentos entre ambos e até de separações. Este ponto é especialmente importante para a noiva, que tende a estar mais dependente da sua família do que o noivo da dele (N. do T.).

Os opostos se atraem?

Talvez seja verdade no caso dos ímãs, mas não das pessoas. Com frequência, as coisas que mais atraem você em alguém, bem diferentes do seu modo de ser, são as que o farão enlouquecer após o casamento. Segundo o psicólogo Neil Clark Warren[4], «quase todos os estudos psicológicos atuais indicam que é crucial encontrar um cônjuge de feitio semelhante. Se é muito diferente, pode haver uma atração inicial, mas os casamentos mais duradouros e gratificantes costumam ser aqueles em que os dois são muito parecidos».

Faz sentido, já que a amizade é o ingrediente mais importante de um bom casamento. E como a amizade se baseia em compartilhar interesses comuns, as semelhanças são muito importantes. Quais as mais significativas? Antes de mais nada, a religião e a moral, mas também os hábitos pessoais. Isto inclui a ordem, as boas maneiras, a responsabilidade e a pontualidade.

Um rapaz saía com uma garota que costumava chegar quarenta e cinco minutos atrasada aos encontros. Se isso o aborrecia durante o namoro, mais o aborreceria quando estivessem casados. Outros aspectos são o hábito de fumar a toda a hora e de comer (comida-lixo e não comida saudável), a falta de medida nos gastos, e a pouca disposição de conversar.

Isto não quer dizer que se tenha de romper uma relação se se encontra alguma diferença em um ou dois desses aspectos. Mas, como diz Warren, se existem diferenças em vários deles, se ele e ela são *muito* diferentes em algum ponto, ou se não podem suportar essas diferenças, aí podem surgir problemas.

---

(4) Neil Clark Warren, *Finding the Love of Your Life*, Tyndale House Publishers, Carol Stream, Illinois, 1998, 176 págs.

Um dos fatores capazes de resolver os problemas matrimoniais é a adaptabilidade, essencial em qualquer relação, mas especialmente na vida de casados.

Um jovem par esteve tão ocupado nos seus estudos e trabalhos que só descobriram como eram diferentes na lua de mel. Explicaram a Warren que, se não tivessem crescido em famílias numerosas, não teriam sobrevivido às suas diferenças. «Se você for flexível ao invés de obstinado – afirma esse autor –, adaptável ao invés de rígido, pode evitar que as diferenças destruam o seu casamento. Logicamente, isto implica o compromisso *mútuo* de transigir e adaptar-se».

O desejo de melhorar

Acompanhei muitos casais que eram fiéis um ao outro, e todos eles tinham uma coisa em comum: ambos se empenhavam em melhorar. Esforçavam-se por amadurecer e adaptar-se ao outro cônjuge.

Há casos em que a mulher pede ao marido que mude de comportamento e ele responde: – «Bem, sempre me comportei assim. Tem que me aceitar como sou». É claro que a mulher deve ponderar se está pedindo um impossível ou se não é ela que é uma rabugenta. Deve pedir conselho a um sacerdote ou a uma amiga íntima e prudente, para ter a certeza de que a mudança que pede é razoável. Uma vez convencida de que o seu pedido é correto, chegou o momento de falar ao marido.

Se um rapaz não tem a intenção de amadurecer como pessoa, se nunca pediu perdão, não é um bom candidato ao casamento.

É evidente que não são os homens os únicos que se negam a mudar. Se alguém – homem ou mulher – diz durante o namoro: – «Você tem que me aceitar como sou», e o seu comportamento é notoriamente inaceitável, chegou o momento de dar marcha à ré nessa relação. Diga-lhe: – «Sinto muito, mas não posso aceitar esse comportamento», e disponha-se a pôr fim a essa relação. Melhor agora que mais tarde.

Chegar à intimidade

Não, não se trata de sexo. Refiro-me a uma intimidade espiritual que, como diz Warren, «tem a força suficiente para elevar duas pessoas do mundo solitário da individualidade para a estratosfera da identidade emocional». Os psicólogos defendem-na como um dos ingredientes mais importantes de um bom matrimônio, mas as pesquisas mostram que nem todos a procuram: só uma pequena percentagem dos casais alcança essa intimidade autêntica.

Fomos criados à imagem e semelhança de Deus, o Deus em Três Pessoas. Entre Elas, existe uma completa intimidade de amor. Tanta, que se definem somente pela sua relação mútua. Descobrimo-nos a nós mesmos e nos realizamos somente na medida das nossas relações com Deus e com os outros[5]. Mas essas relações devem ser íntimas e não superficiais, ao levá-las à prática. Afinal de contas, quem há que deseje realmente uma relação superficial com Deus? É um relacionamento assim que torna aborrecida e pesada a religião.

No casamento, passa-se o mesmo. Uma relação superficial entre marido e mulher pode ser incompleta e catastroficamente odiosa. Para compartilhar a intimidade, um

---

(5) «O Senhor Jesus, quando roga ao Pai que "todos sejam um, como nós somos um" (Jo 17, 21-22), abrindo perspectivas inacessíveis à razão humana, sugere uma certa semelhança entre a união das Pessoas Divinas e a união dos filhos de Deus na verdade e na caridade. Esta semelhança demonstra que o homem, a única criatura terrestre que Deus amou por si mesma, não pode encontrar a sua plenitude senão na entrega sincera de si mesmo aos outros» (*Gaudium et spes*, 24).

casal deve ser capaz de compartilhar os pensamentos mais íntimos, os desejos, os sentimentos, os sonhos, os temores e as alegrias. Como Warren continua a dizer, «quando surge este conhecimento "nuclear", chega-se a captar o modo de ser mais íntimo do outro cônjuge. Neste processo de descobrimento, acaba-se por saber se ambos estão feitos um para o outro permanentemente».

Muitos de nós vivemos tão apressadamente que nem sequer temos uma interioridade própria, uma intimidade pessoal que compartilhar com os outros. Por vezes, o ritmo trepidante que imprimimos à nossa vida leva-nos a vivê-la superficialmente, quase sem desenvolver sentimentos ou desejos profundos. Nunca nos perguntamos: «O que é para mim o mais importante? Por quê? Qual é o meu maior temor? Quais as minhas metas na vida? Que pessoas são as mais importantes para mim? Qual é a minha força e qual a minha fraqueza? Desejo desenvolver-me como pessoa? De que modo o tento? Que penso da amizade, da maturidade, dos pais, dos colegas, dos irmãos?» Quando temos tempo para responder a semelhantes questões, podemos dar as respostas no momento oportuno, no âmbito dessa intimidade.

Agora a pergunta é: «O seu/sua namorado/a tem uma certa profundidade e compartilha-a com você?» Os homens costumam ter mais problemas com a intimidade que as mulheres. Por vezes, uma mulher poderá queixar-se: «Ele nunca compartilha nada comigo e sente-se incomodado quando tento fazê-lo participar do que considero mais importante». Em alguns casos, descobrem que o homem não possui intimidade porque não a desenvolveu. Pode haver aí um problema importante. Mas também pode acontecer que não se deseje compartilhá-la. O problema nesse caso é maior, já que a intimidade é a única coisa que pode unir um casal.

«Intimidade: não saia de casa sem ela».

A questão monetária

Os proventos só são importantes se as intenções são apropriadas. Se você, mulher, procura um jovem profissional que consiga mantê-la no nível de vida a que está acostumada (por exemplo, férias no estrangeiro...) criou um problema para si mesma. Se procura casar-se com alguém cujo salário lhe permita dedicar um tempo maior à educação dos filhos, o fim parece o mesmo, mas a diferença de motivos é abissal.

É fundamental que o homem tenha um bom trabalho para poder casar-se. Se planeja fazê-lo com uma mulher que o sustente, é esta que procura o problema. Um homem deve ser um *homem*, plenamente preparado para sustentar a mulher e os filhos. Se não o está, não é apto para o casamento. Por acaso não ouvimos falar de algum homem cuja esposa o sustentou durante o curso de direito ou de medicina, e depois se foi com outra? Este tipo de relações pode dar certo em alguns casos, mas tem uma boa dose de risco. Falaremos disto mais adiante.

Observe-o/a

É importante que os namorados se observem um ao outro em diferentes situações. Passem um fim de semana juntos (em grupo, em quartos separados!), esquiando; pintem juntos uma sala; acampem com amigos ou com um acompanhante; colaborem juntos em trabalhos de voluntariado; visitem um amigo internado num hospital, em vez de irem jantar ou dançar; façam coisas que lhes permitam conhecer--se bem mutuamente.

Deem importância à opinião dos outros sobre a pessoa com quem saem. Que têm a dizer os seus amigos/as sobre ela? Que pensam os seus pais – sem esquecer que a decisão é *sua*, não deles?

Você deve sentir um amor profundo, mas, aproximadamente depois de um ano de convivência, a sua escolha tem de ser friamente racional.

«Não poderia eu achar uma pessoa melhor?», pensam alguns. Não se trata de encontrar o melhor cônjuge possível, ou o perfeito, mas um que seja o adequado para você. Pense no homem que se divorciou da sua doce e carinhosa esposa para casar-se com uma mulher mais sofisticada. Quando, por sua vez, a segunda esposa se divorciou dele, confessava: «Divorciei-me da minha melhor amiga para casar-me com a minha pior inimiga».

Há homens que procuram ser *realistas* sobre a esposa adequada e fazem concessões no essencial, mas são *idealistas* prognosticando uma vida matrimonial maravilhosa. Se você mantiver altas as suas esperanças e moderadamente baixas as suas expectativas, não se sentirá desapontado.

Reze muito, mas use a cabeça

O amor é terrivelmente cego, mesmo entre as pessoas mais frias, e como você nunca estará completamente seguro de ter encontrado o cônjuge perfeito/a, a oração desempenha um papel importante.

Reze o terço diariamente e, se for possível, vá à Missa diariamente também, confesse-se pelo menos uma vez por mês e, é óbvio, viva em estado de graça: por exemplo, não mantenha relações sexuais. Se viver na graça de Deus, terá em si o Espírito Santo e o seu dom de Conselho. Quando se trata de escolher o cônjuge, é o momento de contar com o conselho do Espírito Santo.

Quando estava na universidade, eu saía com uma jovem elegante e atraente. Também era católica. Bem..., à sua maneira. Ia à Missa no meio da semana, mas não no domingo: era outro modo de manifestar a sua rebeldia. Mas... o amor é cego. Eu pensava que ela era «única». No entanto, quando rezava, pedia a Deus que, se fosse essa a sua vontade, as coisas dessem certo, e, se não, que me fizesse vê-lo com clareza. Assim foi: ela rompeu comigo.

Na minha ofuscação, acordava com o pensamento de que ela voltaria algum dia. Pensava: «Nunca gostei de ninguém tanto como gosto dela!» A meio da tarde, mais dono de mim mesmo, repetia de mim para mim: «Olhe, estúpido, você tem sorte. Essa mulher era um problema». Mas na manhã seguinte, acordava e o coração voltava a dominar-me: «Amo-a! Preciso dela!» Rezei muito e, graças à oração, consegui sair desse estado de espírito – sem ela.

Esta experiência ensinou-me duas coisas: em primeiro lugar, que a oração é essencial quando se procura acertar na escolha. E não uma oração qualquer, mas a que pede que se cumpra a vontade de Deus, não a própria. Em segundo lugar, aprendi que, para se viver de um modo razoável e feliz, a cabeça deve convencer o coração. O contrário faz o homem infeliz. (Coisa análoga sucede quando se procura viver a virtude da castidade.)

Preparados? Prontos? Já!

Que deve fazer um homem que rezou, esperou um tempo prudente e tudo está já em ordem? Deve agir com decisão, e não como um debilóide indeciso. Deve confiar na ajuda de Deus e declarar-se.

Que acontece com a mulher na mesma situação? Que deve fazer se todas as coisas estão acertadas, se estiveram encontrando-se durante dois ou três anos, se ela decidiu que ele era o único, e ele, sem razões aparentes, não se compromete?

Começar por deixar cair uma insinuação: – «Começo a perguntar-me como andam as coisas entre nós». Se não há resposta, pode dar um passo mais: – «Acho que seria preferível sairmos com outras pessoas». Se ele diz: – «Por quê? Já não me ama?», diga simplesmente: – «Amo-o, mas parece-me que temos um problema de ritmo. Eu estou preparada para um compromisso, mas você não». Assim, não exerce pressão sobre ele, ao mesmo tempo que lhe comunica estar preparada para o casamento. Certamente, se ele lhe diz: – «Pois bem, saiamos com outras pessoas», você deve ir até o fim. De outro modo, pode acabar como uma mulher que conheci numa ocasião: tinha uns quarenta e cinco anos e vinha saindo com um homem havia treze, até que ele rompeu o namoro. Que modo de desperdiçar a vida! Alguns homens são incapazes de comprometer-se. Toda a mulher inteligente que, depois de um tempo razoável de namoro, não tenha ouvido uma proposta de casamento, corta com a relação.

As mulheres devem também precaver-se quanto a homens que lhes proponham casamento passados apenas dois ou três meses. Uma das causas mais comuns de que se faça uma escolha errada é que um ou os dois estejam demasiado ansiosos por casar-se. Não importa a idade que tenham, nem que julguem estar muito «unidos»: o homem que propõe casamento demasiado cedo pode não ter paciência para criar uma relação profunda e forte. Diga-lhe que reduza a velocidade, e que não quer *pensar* em casamento enquanto não tiverem passado pelo menos nove meses de namoro... Sim, ainda que você tenha trinta e nove anos! Os estudos demonstram que o tempo ideal para um namoro prévio ao casamento é de dois anos.

Em resumo

Quando se procura um cônjuge, não se pode transigir em certos aspectos «fundamentais»: fé firme, amizade, ausência de vícios ou problemas importantes, autêntico desejo de criar bons filhos, facilidade de comunicação, capacidade para manter-se firme perante os pais, certa «química» interpessoal e vontade de comprometer-se a uma entrega amorosa.

Mulheres: evitem o perpétuo adolescente, o maníaco do controle, o impostor. Num livro intitulado *Avoiding Mr. Wrong* («Como evitar o sr. Errado»), Steve Arterburn e a Dra. Meg Rink aconselham as mulheres a valorizar o seu tempo, a negar-se às relações sexuais e a estudar o homem cuidadosamente. Incluem uma lista de dez tipos de *Mr. Wrong*, entre os quais se encontram o filhinho de papai, o eterno garoto, o homem distante, o viciado em drogas e o incrédulo.

Homens: evitem a mulher impostora e manipuladora.

Ambos: mantenham os seus ideais razoavelmente altos. É preferível ser solteiro e desejar estar casado, a estar casado e desejar ser solteiro.

A pessoa que você escolha tem de ser alguém que o ajude a chegar ao Céu. É necessário observá-lo/a em numerosas circunstâncias diferentes, não apenas nos jantares ou no cinema, bem como ter em conta as opiniões de outras pessoas, considerando-as com prudência. Sobretudo, é necessário manter-se muito perto do Senhor através da oração, da Missa, da confissão e de uma vida honesta. Numa palavra, só com a graça de Deus se pode fazer uma escolha acertada.

Entender o amor

No meu último ano de teologia no seminário, assisti a uma aula chamada «Seminário inter-seminário», em que estavam presentes outros estudantes de seminários próximos. Tratava-se de estudar os diferentes pontos de vista teológicos sobre a nossa fé. Nunca esquecerei o dia em que o tema era o amor e um seminarista afirmou que não era possível que Deus nos mandasse amar[1], pois o amor é um sentimento e não pode ser programado: tem que chegar. No seu atrevimento, negava a validade da Sagrada Escritura e cometia um grave erro acerca dos dois grandes mandamentos de Cristo, confundindo amor e sentimento. O amor de que Jesus fala é um amor desejado, não o amor que se sente. Felizmente, eu tinha lido recentemente *Os quatro amores*, de C.S. Lewis.

Descobri nessa altura a confusão que as pessoas de língua inglesa fazem neste campo. Observei a mesma confusão no dia em que uma paroquiana me disse que já não amava o seu marido. Perguntei-lhe se a preocupava o bem dele e respondeu-me que sim, sem dúvida.

– «Então você o ama – disse-lhe –. *Esse* é o amor que você lhe prometeu no dia do seu casamento, não um sen-

---

(1) Em Marcos 12, 19-31, por exemplo, o Senhor dá-nos os dois grandes mandamentos do amor: amar a Deus com todo o coração, com toda a alma e com toda a mente, e amar o próximo como a nós mesmos.

timento romântico. Dizer-lhe isso é o primeiro modo de manifestá-lo».

– «Há muito tempo que não lhe digo que o amo», admitiu ela.

– «Bem, e não acha que deveria fazê-lo? Afinal de contas, você prometeu amá-lo durante toda a sua vida».

– «Não sei se serei capaz de fazê-lo agora», respondeu-me.

Via-se que o marido a tinha feito sofrer durante muito tempo e que ela preferia esperar que o sentimento de amor retornasse antes de dizer que o amava. Mas é curioso observar que muitos casais só voltam a amar-se quando o exprimem com palavras, e que só então o relacionamento se normaliza.

Para compreendermos o namoro cristão, comecemos por eliminar a indefinição com que o idioma inglês se refere aos significados da palavra amor. Em grego, há quatro palavras diferentes para referi-los:

– *ágape*, que se costuma traduzir por «amor divino» porque exprime o amor sacrificial de Deus pela humanidade;

– *philía*, que diz respeito à amizade e é chamada algumas vezes «amor fraterno»;

– *storgé*, que se traduz por afeto e se costuma chamar amor familiar;

– *eros*, a quarta, que é o amor passional, entre homem e mulher.

Como disse atrás, C.S. Lewis escreveu um livro em que dá uma explicação clássica dessas quatro dinâmicas do amor, algumas das quais empregarei como ponto de partida.

Ágape (amor divino)

O amor que um homem e uma mulher prometem mutuamente no dia do casamento é um reflexo do amor divino, que os gregos denominavam *ágape*, e que é o mais importante dos quatro, pois é a condição para a salvação: *Amarás o Senhor teu Deus com todo o teu coração e com toda a tua alma e com todas as tuas forças e com toda a tua mente...* (Lc 10, 27). A palavra grega empregada aqui é *agapao* («amarás»), derivada de *ágape*. Por tratar-se de um mandamento, o ato de amor deve ser um ato da vontade, não um sentimento. Poderíamos defini-lo, no caso do amor conjugal, como *a entrega incondicional que alguém faz de si mesmo pelo bem da pessoa amada*.

Se você ama com essa intensidade, entregará o seu tempo, o seu dinheiro, o seu trabalho, tudo o que tem pela pessoa que ama. Mas não o entregará indiscriminadamente, mas apenas pelo *bem* da pessoa amada. Entregar-se para agradar ao outro nem sempre é amor divino, pois o que agrada não é necessariamente o que é bom.

O pai que diz «não» a um filho que lhe pede uma Ferrari ao fazer dezesseis anos, demonstra-lhe o seu amor. A moça que diz «não» ao seu namorado quando lhe pede para terem uma relação, demonstra-lhe o seu amor. Os pais que cortam a mesada a um filho traficante de drogas, ou o internam numa instituição de recuperação, demonstram-lhe um «amor firme». Deus demonstra-nos um «amor firme» quando nos desviamos do seu caminho e comprovamos que a nossa vida desmorona.

Aqui não há lugar para condições: «Se você se comportar bem», «se continuar a comprazer-me», «se não engordar»... Os pais devem amar os filhos de modo incondicional, o que significa estarem sempre dispostos a lutar pelo bem deles, quer lhes agrade ou não.

Não agradamos a Deus quando pecamos, mas Ele sempre nos aceitará quando voltarmos, porque é um Deus de amor. O seu interesse pelo nosso bem não admite condições, e confia em que o amemos do mesmo modo.

O *ágape* exprime-se geralmente de um modo silencioso e duradouro, sem muito espetáculo. Cinquenta anos passados a lavar a roupa da família; quarenta anos a cuidar dos doentes ou moribundos; décadas de pequenos sacrifícios pelo esposo e pelos filhos; uma vida inteira entregue à oração e a educar os filhos... Um amor assim é menos apaixonante, e até o mais aborrecido dos amores, mas a longo prazo é o mais profundo e gratificante.

É o mesmo que regar uma planta. Você a molha e cuida dela dia após dia, semana após semana, ano após ano, e aparentemente não percebe que cresce. Um dia, depois de vários anos, a planta torna-se árvore, floresce e por fim dá fruto. Só então, depois do que parecia um esforço sem fim, você percebe que valeu a pena. Esse amor é o único que nos pode realizar como pessoas: «O homem – escreveu João Paulo II na *Redemptor hominis*, n. 10 – não pode viver sem amor. Será um ser incompreensível para si mesmo e a sua vida estará privada de sentido se não se lhe revelar o amor, se não se encontrar com o amor, se não o experimentar e o fizer próprio, se não participar dele vivamente».

Este é o tipo de amor *ágape* da esposa/o profundamente decepcionada, mas que supera essa situação esforçando-se para que reine a paz e se salve a relação. Podemos comprová--lo nos casais que estão casados há mais de vinte e cinco anos. Enfrentaram juntos os atritos próprios de qualquer relação humana, as provas e as dificuldades. E agora, como o seu amor era incondicional e capaz de manter-se em pé quando deixou de ser divertido, esses contratempos têm algo de especial. Esses casais gozam de paz, de um resplendor especial: é o *ágape*.

Uma senhora pediu-me que visitasse o seu marido, moribundo. Ele tinha-a abandonado anos antes para viver com uma mulher mais nova. Mais tarde, teve um câncer e a sua jovem companheira deixou-o. Então a esposa trouxe-o para casa e cuidou dele até à morte: tinha compreendido o poder do amor *ágape*.

Ainda que *ágape* seja um movimento para fora, uma doação de si mesmo, quem ama desse modo costuma beneficiar-

-se também, de maneira inesperada². No entanto, ainda que *ágape* implique também receber, o cristão centra-se mais em dar do que em receber.

A expressão mais profunda deste amor divino é «dar quando dói». *Ninguém tem maior amor do que aquele que dá a vida pelos seus amigos* (Jo 15, 13). Cristo pregou este amor e viveu e morreu com ele. Com a sua ajuda, nós também podemos viver e morrer com ele.

Amor conjugal ou amor de eleição

É uma das espécies de *ágape*. A forma verbal *agapao* costuma ser usada ocasionalmente no Novo Testamento para referir-se a uma opção. Cristo disse: *Ninguém pode servir a dois senhores, porque ou odiará um e amará o outro, ou dedicar-se-á a um e desprezará o outro* (Mt 6, 24). Quer dizer, será preciso *escolher* entre um e outro. Assim, há um amor que poderia chamar-se «amor de eleição» ou «*ágape* de eleição». Este é o amor que devemos a Deus, porque Ele nos fez escolhê-lo acima de qualquer outro deus que pudéssemos fabricar. O amor a Deus deve ter quatro características:

— *perenidade* : deve ser um compromisso eterno;

— *exclusividade* : não amaremos outra pessoa como amamos a Deus, isto é, com todo o nosso coração, toda a alma e toda a mente;

— *publicidade* : deveremos dar testemunho desse amor aos outros;

— *fecundidade* : deverá dar fruto pela nossa participação na vida de Deus, na vida da graça.

---

(2) Se amar deste modo não encontra correspondência por parte da pessoa amada, Deus, no entanto, promete-nos uma recompensa.

Ainda que este amor de eleição seja ímpar, o amor conjugal reflete essas quatro características como um espelho. *Perenidade* : deve ser uma entrega para toda a vida; *exclusividade* : cada um tem um só cônjuge; *publicidade* : os casais devem casar-se em cerimônia pública e dar a conhecer o seu compromisso vivendo-o diante de outros; e *fecundidade*, no sentido de que se propõe gerar novas vidas³. O amor conjugal simboliza, pois, perante o mundo, o amor entre uma pessoa e Deus, que é também um amor esponsal⁴.

Embora o *ágape* conjugal ou de eleição possa exprimir-se por qualquer das maneiras em que o faz o *ágape*, há um modo particular de manifestá-lo: a comunhão dos corpos. Na relação com Deus, opera-se mediante a recepção da Eucaristia⁵. No caso dos esposos, através das relações conjugais.

A intimidade sexual é o sinal físico, sagrado, do *ágape* conjugal do matrimônio e, como tal, possui as mesmas quatro características indicadas acima:

– *perenidade* : o ato sexual pede aos gritos um amanhã, isto é, exige que se realize no âmbito do *compromisso matrimonial*, por toda a vida, pois caso contrário reduz-se a um ato vazio, que produz apenas sentimentos de tristeza e asco.

---

(3) Na *Humanae vitae*, o papa Paulo VI fala de determinadas características do amor conjugal: humano, pleno, fiel, exclusivo até à morte, e fecundo. Eu acrescento público, pois parece indicado neste estudo.

(4) Como está descrito em Is 62, 4-6.

(5) A Eucaristia é evidentemente o coroamento do compromisso de amar a Deus sobre todas as coisas, e uma fonte de graças para manter esse compromisso. Christopher West propõe uma analogia similar em *Good News about Sex and Marriage: Answers to Your Honest Questions About Catholic Teaching*: «Onde nos fazemos uma só carne com Cristo? Essencialmente na Eucaristia. A Eucaristia é a consumação sacramental do matrimônio entre Cristo e a Igreja. E quando recebemos o corpo do Esposo celestial no nosso interior, concebemos, tal como uma esposa, uma vida nova em nós: a autêntica vida de Deus».

– *exclusividade* : nenhuma pessoa realmente apaixonada se sentiria à vontade se viesse a ter outro companheiro ou companheira de sexo.

– *publicidade* : ainda que não se pratique o ato conjugal em público (graças a Deus), o marido e a esposa não escondem que dormem juntos.

– *fecundidade* : o ato, pela sua própria natureza, está ordenado para a procriação de uma nova vida. Os filhos são o fruto do amor conjugal e dão testemunho desse amor por toda a eternidade.

Por que há tanto prazer no sexo? A razão mais óbvia é porque estimula a propagação da raça humana. No entanto, esta não pode ser a única razão, já que o ato sexual e o prazer que o acompanha são bons e lícitos também durante as épocas em que a procriação é impossível (após a menopausa, durante os períodos inférteis ou no caso de esterilidade, por exemplo).

Portanto, eu acrescentaria que o prazer sexual deve ser entendido também como um estímulo para a entrega e conservação do amor conjugal. O Concílio Vaticano II ensinou que «este amor [conjugal] exprime-se e aperfeiçoa-se singularmente mediante a ação própria do matrimônio. Por isso, os atos com que os esposos se unem íntima e castamente são honestos e dignos, e, quando praticados de maneira verdadeiramente humana, significam e favorecem o dom recíproco com que os dois se enriquecem mutuamente num clima de gozosa gratidão»[6].

A intimidade conjugal, pois, simboliza e favorece a amorosa e contínua entrega conjugal do marido e da mulher.

A união sexual é culminância e fonte. É a culminância do compromisso da amorosa entrega conjugal, e fonte de alento para conservar essa entrega.

---

(6) *Gaudium et spes*, 49.

Philía (amizade)

Como define C.S. Lewis, a amizade (*philía*) é essencialmente uma relação baseada na participação num interesse comum. Se duas pessoas compartilham a mesma fé, as mesmas ideias relativas ao bem da sociedade, o mesmo gosto pela música, diversões, esportes ou interesses intelectuais, certamente haverão de sentir-se felizes passando o tempo juntas. Lewis diz com todo o acerto que, enquanto o *eros* é «um de frente para o outro», a amizade é «um ao lado do outro». É preferível compartilhá-la com várias pessoas porque – explica ainda Lewis – há aspectos de Douglas que só John ou Don percebem; e Douglas descobre coisas em Don que John não capta. A *philía* pode ser cultivada ou pode surgir espontaneamente. Além disso, pode dar-se entre pessoas de qualquer idade e sexo.

A chave de uma amizade duradoura é a moderação. Se colhemos uma flor com demasiada força, esmagamo-la, e se a abandonamos durante demasiado tempo, murcha. Devemos conservar os nossos amigos, mas não sufocá-los.

Algumas amizades se desvanecem porque as pessoas mudam e seguem caminhos diferentes. Não é caso para nos lamentarmos, e sim para recordar esses amigos com simpatia e gratidão. Mas quando uma amizade aumenta e amadurece como o bom vinho, deve ser entesourada.

Geralmente, os amigos contribuem para a mútua relação na mesma medida. No entanto, há ocasiões em que um ou outro podem ser incapazes de dar o mesmo. Neste caso, deve fazer-se presente o *ágape*, esse amor de doação que é o suporte de todos os amores. Um amigo está à disposição do seu amigo/a em caso de necessidade. Durante esse tempo, essa pessoa recebe do amigo mais do que a mera convicção de que a relação ultrapassa uma simples oportunidade de negócios. Assim se converte numa imagem da nossa amizade com Deus.

Santo Agostinho sustenta que a amizade é o mais elevado dos amores humanos. Que espécie de amor humano deve ser a mais importante no matrimônio? Aquela que leva a compartilhar a mesma fé, a mesma educação, os mesmos valores, as mesmas diversões, os mesmos gostos... É sobre essa base que se edifica um bom casamento, e sem ela pode fracassar. Que ele receba aulas de dança porque ela gosta de dançar, que ela acompanhe as notícias sobre o futebol porque ele gosta desse jogo – são modos de construir uma amizade pelo bem da doação amorosa na vida conjugal.

Isto não significa que as pessoas casadas não possam fazer coisas separadamente, sem o esposo/a, mas, para reforçar os laços de amizade, deve haver muitas que realizem juntos.

A amizade manifesta-se participando dos sentimentos do outro, da alegria que acompanha os êxitos e, se a amizade for profunda, da dor causada pelos fracassos. Isto envolve riscos e mesmo feridas, mas esse é o preço que merece uma verdadeira amizade.

Num casal, a amizade deve ser profunda e cheia de confiança mútua, porque só assim se chega a descobrir o que se tem em comum e a compartilhar os pensamentos mais íntimos, os sentimentos, esperanças e temores.

Quando o cônjuge fala de coisas íntimas, o marido ou a mulher devem interessar-se pelo que diz. Se você abre o seu coração e ouve por única resposta: – «Onde vamos jantar amanhã?», já sabe que existe algum problema: as palavras não fluem porque há algum tipo de rejeição. Cada qual deve respeitar e querer apoiar o outro. Como observa Neil Warren, quando se compartilham as coisas, há sempre uma atenção esmerada e uma autêntica franqueza.

É por isso que os que têm os seus momentos de oração diária, os que se sentem bem com o silêncio e não precisam de ter continuamente ligados o rádio ou a televisão, os que lêem – também livros de espiritualidade –, todos eles costumam estar melhor preparados para a intimidade do que aqueles que não o fazem. Este é mais um motivo para que a religião seja tão importante num futuro cônjuge. A religião – a prática da religião – ajuda a preparar as pessoas para a futura intimidade.

Essa intimidade vê-se facilitada quando os dois se encontram sós num ambiente adequado – um restaurante tranquilo ou um longo passeio pela praia. Há também épocas de crise ou de sensação de vazio que se prestam a uma conversa íntima. Os casais que tenham compartilhado as suas falhas e lutas alcançarão uma relação mais íntima que os que não o tenham feito. Os namorados devem lançar as bases dessa amizade íntima antes de pensarem em casamento.

Entre as coisas mais importantes que um casal compartilha, encontra-se a educação dos filhos, e essa tarefa favorece sem dúvida a amizade entre os cônjuges. Os filhos não devem ser considerados um obstáculo ao amor dos pais, mas um fortalecimento. É por isso que os casais não devem adiar o nascimento dos filhos, levados pelo argumento de que é preciso «darmos um tempo para nos conhecermos melhor», pois isso, no fundo, costuma significar «tempo para gozarmos da companhia mútua sem obstáculos». Os filhos estimulam os pais a esse *ágape* de doação que é a fonte de toda a felicidade, e também à amizade, o maior dos amores humanos, como vimos. O amor que, sem uma razão importante, protela a vinda dos filhos, ainda que seja por pouco tempo, faz crescer o egoísmo, e nessa mesma medida se autodestrói.

Alguns dos melhores casamentos começam pela amizade, não pelo namoro. Como afirma Joshua Harris em *Boy Meets Girl*[7], são muitos os jovens que optam por cultivar uma amizade com alguém de quem gostam. Depois, se a amizade prospera, propõem o namoro. É um grande meio de evitar a

---

(7) Joshua Harris, *Boy Meets Girl: Say Hello to Courtship*, Multnomah Books, Colorado Springs, Colorado, 2000, 240 págs.

tremenda pressão que exercem as saídas noturnas; essas saídas, atualmente, são mais uma preparação para o divórcio do que para o casamento[8].

Que maravilhosa é a amizade! *Um amigo fiel é uma poderosa proteção: quem o achou, descobriu um tesouro* [...]. *Um amigo fiel é remédio de vida e imortalidade; quem teme o Senhor achará esse amigo* (Ecli 6, 14.16).

Storgé (afeto)

O afeto é designado às vezes como amor familiar, porque surge geralmente entre os membros da família. Mas também é da maior importância durante o namoro. É o carinho terno e delicado por alguém.

O afeto entre um homem e uma mulher manifesta-se de muitos modos: um abraço; um leve beijo nos lábios, no rosto ou na testa; um sorriso carinhoso; um breve toque no braço, na mão ou no cabelo. Parece que o afeto saudável, desinteressado e casto, está em falta no nosso mundo supersexualizado. Muitos perderam a arte do carinho.

Todos temos necessidade de afeto, de um olhar carinhoso, de uma palavra cálida. É o carinho que existe entre pai e filho, entre uma mulher e o seu marido, entre uma moça e a sua melhor amiga. Um gesto afetuoso no lugar adequado, no momento oportuno, é um belo modo de comunicar o amor, às vezes o *único*.

Anos atrás, Ann Landers fez uma pesquisa entre as suas leitoras casadas, perguntando-lhes se preferiam ser acariciadas a ter relações sexuais. Cerca de 70% disseram preferir as carícias. Não acho que fosse por não gostarem de

---

[8] Ver Connie Marshner, «Contemporary Dating as Serial Monogamy», *Homiletic and Pastoral Review*, out. 1998, pág. 18.

praticar o sexo, mas por haver muito tempo que ninguém as abraçava.

Muitas mulheres casadas costumam dizer que tudo o que os maridos querem é ter relações sexuais. Quando lhes pergunto se fizeram sexo antes do casamento, a inevitável resposta é «sim». Essa é a raiz do problema. São casais que nunca desenvolveram o costume de compartilhar o carinho juntos. Quando um homem se deitou com a esposa antes do casamento, costuma considerar os beijos e as carícias como uma mera introdução ao ato sexual. As mulheres devem fazer com que o marido compreenda a importância do carinho. Marido e mulher devem ser capazes de acariciar-se, de abraçar-se, de beijar e ser beijados sem que seja o prelúdio de um ato sexual. O carinho é uma linguagem importante do amor, uma linguagem que se deve aprender bem durante o namoro.

Quando se fala de castidade num contexto religioso, é frequente que mal se mencionem as manifestações de afeto. É por isso que os jovens estão confusos, e com toda a razão, sobre o que é aceitável e o que não é. Costumamos falar do que não se deve fazer, sem propor o que se deve fazer.

Um jovem de uns trinta anos procurou-me depois de um dos nossos seminários sobre «As saídas cristãs num mundo supersexualizado» e perguntou-me: – «Muito bem, como *deveria* então despedir-me da minha namorada?»

Respondi-lhe: – «Bem, você poderia passar a mão pelo seu rosto, aproximar-se dela muito devagar e beijá-la suavemente. Uma vez. Duas. Depois, dar-lhe um grande abraço, lento, apertando a sua face contra a dela como modo de manifestar os seus ternos sentimentos por ela. A seguir, talvez possa dizer algo como: "Você vale tanto para mim!..." Por fim, desejar-lhe uma boa noite e beijá-la mais uma vez, lenta e carinhosamente, como se temesse quebrá-la se não tomar cuidado».

– «É, não parece má ideia, padre».

– «O tempo passou, mas tenho boa memória», respondi-lhe.

Existe carinho mais romântico que o de um beijo de despedida ou de saudação? De modo algum. Se um rapaz e uma moça já saem há algum tempo, ele, quando chega para levá-la a passeio, deveria dar-lhe um abraço e um beijo breve, mas terno, na face. Enquanto caminham, deveria beijar-lhe a mão de vez em quando, tocar-lhe o rosto ou a mão em algum momento. Algumas vezes, deveria passar-lhe o braço por cima do ombro ou acariciar-lhe o cabelo. Os abraços pausados, carinhosos, são atos que simbolizam poderosamente a união.

A moça deveria ser capaz de mostrar também ao rapaz o seu carinho, especialmente se ele lhe deu motivos para confiar no seu amor por ela. Poderia apoiar a cabeça no ombro dele enquanto veem um filme, ou tocar-lhe suavemente a mão, ou beijá-lo carinhosamente na face. Outra possibilidade, quando passeiam juntos, seria tomar-lhe a mão e pô-la ao redor da sua cintura, inclinando-se ligeiramente para ele.

Este deveria ser o limite das expressões físicas de amor no namoro. Imagine como seria saudável, espiritual e psicologicamente, se fosse esta a norma nos modos de manifestar o carinho.

Lembre-se: manifestar o afeto aos poucos costuma ser o modo de dar, respeitar e servir a pessoa amada. Apressar-se ou acariciar com maior intensidade costuma ser sinal de desejo, de autocomplacência e de egoísmo.

Liberdade na moderação

Pois bem, para alguns isto supõe um grande retrocesso. Mas é o único caminho realmente sadio. O problema está em que no nosso mundo ocidental adotamos uma atitude hedonista com relação ao prazer: «Se para mim é agradável, devo empanturrar-me disto». Atualmente, quando alguma coisa nos dá prazer, tendemos a possuí-la até fartar-nos. Se gostamos de esquiar, convertemo-nos em esquiadores compulsivos. Se gostamos de tênis, viciamo-nos no tênis. Se nos dá prazer beijar, acabamos por deitar-nos juntos.

Não é esse o caminho cristão. A proposta cristã sobre o prazer consiste em desfrutar dele durante um momento e depois esquecê-lo, gozar de algo sem nos aferrarmos a isso. Dito de outro modo, não desejar coisa ou pessoa alguma (a não ser o próprio Deus), a ponto de não podermos ser felizes sem ela. São Francisco de Assis encontrava-se com Santa Clara somente uma vez por ano: alegrava-se tanto com essa amizade que não queria que a sua felicidade dependesse dela.

É uma bênção desfrutar dos pequenos prazeres da vida vendo neles um vislumbre da felicidade do Céu, sem ser escravo deles, mesmo em pequena medida. Ou seja, o autêntico cristão pode saborear pequenos prazeres na comida, na bebida ou num beijo de despedida, sem insistir em receber mais. Não é neste mundo que alcançamos a nossa plenitude, mas no que há de vir[9].

Qualquer que seja o ponto em que você coloque o patamar da sua satisfação – um abraço, um beijo ardente e casto, uma relação sexual –, ficará sempre insatisfeito. Por quê? Porque os nossos desejos são infinitos e, se procurarmos realizá-los por meio de coisas finitas, nunca chegarão a satisfazer-nos. Quanto mais cedermos aos nossos apetites – por comidas exóticas, por licores ou por sexo –, mais pedágio nos exigirão. Se pusermos a fronteira dos nossos prazeres num nível lícito, a satisfação será psicologicamente tão grande

---

(9) No Céu, como Deus Pai explicava a Santa Catarina de Sena, «a alma sempre me deseja [a Deus] e me ama, e não me deseja em vão: se tem fome, sacia-se, e, saciada, sente fome. Mas estão longe dela o cansaço da saciedade e o sofrimento da fome» (Santa Catarina de Sena, *O diálogo*).

como a de quem a coloca num nível hedonista. Além disso, libertar-nos-á para nos entregarmos ao amor desinteressado (*ágape*), sem vivermos escravizados pelas nossas paixões e sem usarmos os outros para satisfazê-las.

Mulheres, digam aos homens o que lhes agrada e o que não. Se eles forem inteligentes, corresponderão. Pedir ao homem o que agrada a você não é manipulá-lo; é ensinar-lhe como deve tratá-la. Só seria manipulação se você pretendesse que ele fizesse algo que não deseja fazer. E se não quer tratá-la como você deseja? Diga-lhe adeus!

Muitos namorados não chegam a alcançar a intimidade durante o namoro. Estão demasiado ocupados em beijar-se e abraçar-se (entre outras coisas), quando deveriam falar dos profundos sentimentos que lhes dominam o coração.

Adiar os beijos até o casamento?

Que dizer de pessoas como Joshua Harris, que decidiu não beijar a noiva antes de estarem casados? Ou de Elisabeth Elliot[10] e Steve Word[11], que deram o primeiro beijo quando o namoro chegou ao compromisso? Essas atitudes são o melhor caminho?

---

(10) Elisabeth Elliot, *Passion and Purity: Learning to Bring Your Love Life Under Christ's Control*, Fleming H. Revell, Grand Raids, Michigan, 1984, 192 págs. Para avaliar o livro, veja-se o capítulo VIII. É uma obra deliciosamente poética, um relato decididamente cristão do namoro da própria autora. No entanto, quanto aos beijos, mostra-se demasiado conservadora.

(11) Steve Word, *The ABC of Choosing a Good Husband: How to Find and Marry a Great Guy*, Family Life Center Publications, Port Charlotte, Flórida, 2001, 141 págs. Ainda que Steve e a sua futura esposa se beijassem depois de estarem comprometidos, Steve recomenda agora que se espere até o casamento.

Posso compreender o motivo de semelhantes decisões, já que muitas coisas boas, como o carinho, foram sexualizadas e exploradas. Mas penso que são atitudes exageradas. É necessário reabilitar o afeto e colocá-lo no seu lugar, purificado de conotações sexuais. O carinho puro e nobre é algo maravilhoso. Quando uns namorados adiam os beijos, mesmo os mais inocentes, até o casamento ou o noivado, podem querer dizer implicitamente que as demonstrações de afeto não passam de uma forma moderada de exploração sexual. Não o são. São uma maravilhosa expressão de amor e satisfazem uma necessidade humana.

O que acontece com as expressões de carinho em público? Aconselho que sejam muito poucas e só nos lugares oportunos: passear de mãos dadas, beijos breves de saudação ou de despedida, um abraço no aeroporto, pegar na mão durante um jantar. Mas as carícias insistentes e os beijos repetidos pedem intimidade, privacidade. Comportar-se educadamente tem por objetivo, antes de mais nada, não incomodar os outros. Não há quem não se sinta realmente incomodado quando vê que um homem e uma mulher são incapazes de afastar as mãos um do outro.

O carinho, como escreveu Karol Wojtyla em *Amor e responsabilidade*, não tem por objetivo o prazer, «mas a sensação de proximidade»[12]. Compartilhar o carinho «tem o poder de livrar o amor dos diversos perigos implícitos no egoísmo dos sentidos...» «Desde que esteja submetido a um profundo controle pessoal, o afeto é um importante elemento do amor».

Por vezes, uma pessoa descobre que o seu noivo/a está pouco preparado para exteriorizar o seu afeto; custa-lhe abraçar ou acariciar. Outras vezes, essa reticência deve-se ao

---

(12) Karol Wojtyla (Papa João Paulo II), *Amor e responsabilidade*. Na edição americana, o tradutor emprega por toda a parte a palavra ternura, mas o claro significado do texto (tal como no original polonês) é «afeto».

medo da proximidade sexual, como consequência da nossa cultura impregnada de sexo. Ou talvez possa ter origem em que ele/a provém de uma família em que as manifestações externas de afeto eram raras. Em qualquer dos casos, eu recomendaria que se encarasse este tema com delicadeza e tato, e se promovesse o hábito de compartilhar um carinho casto. Isto é coisa que se pode aprender, mas pouco a pouco, sem pressão externa.

Outra causa de timidez nesta matéria pode ser o bloqueio psicológico causado por uma má experiência anterior. Neste caso, para seu próprio bem e o da futura família, a pessoa deveria procurar um especialista, se possível cristão, para que a ajudasse a chegar à raiz do problema.

Não resta dúvida de que o ambiente cultural influi nos modos de manifestar o carinho. Em geral, os latinos, os filipinos e alguns europeus orientais sentem-se bem beijando e abraçando a família e os amigos. Isto não significa que os namorados de outros lugares se satisfaçam com um afeto mínimo. Muitos estudos afirmam que as demonstrações físicas de carinho são uma terapia para qualquer pessoa, independentemente da nacionalidade[13].

---

(13) Com respeito ao carinho com os filhos, Gary Smalley afirma no seu livro *The Blessing*, que «uma carícia efusiva pode evitar que uma criança satisfaça essa necessidade em lugares errados». O próprio Jesus fez as crianças aproximarem-se dEle, *e as abraçou e abençoou, impondo-lhes as mãos* (Mc 10, 16). João Paulo II chega a afirmar que as crianças têm um «direito especial ao carinho». Smalley defende também que uma carícia efusiva traz benefícios psicológicos, diminui a pressão sanguínea e pode acrescentar dois anos à vida do marido.
  Muitos pais deixam de abraçar ou de beijar as suas filhas quando chegam à adolescência. Talvez se deva a que, como as filhas já se vão tornando mulheres, pensam que não convém dar-lhes demasiadas provas de carinho. Enganam-se: um bom abraço de um pai à sua filha, um abraço casto, diz tudo sobre ele. Os psicólogos que estudaram as tristes consequências dessas omissões coincidem em aconselhar encarecidamente aos pais que voltem atrás.

Eros

O quarto dos quatro amores é o *eros* ou paixão. Significa gostar muito, estar muito contente com alguém ou com alguma coisa. Às vezes, empregamos a palavra «gostar» para descrever os nossos sentimentos sobre um computador novo, um carro ou uma casa. «Gosto!» Na realidade, o que significa é que *gostamos*, mas não o suficiente para exclamar: «Gostei muitíssimo!» Em inglês, «love» – *I love it* – chegou a ser o superlativo de «like» – *I like it*.

No namoro, enamorar-se significa encaprichar-se: é uma atração emocional que parece incontrolável, embora não o seja. O papa João Paulo II sublinha-o nas suas palestras sobre a teologia do corpo: «Segundo Platão, *eros* representa a força interior que atrai o homem para todo o bem, verdade e beleza...»[14] Assim, no nosso contexto, significa desejar profundamente o bem, a verdade e a beleza do outro. Este é o sentimento mais forte de atração, quase uma experiência mística: é estar «enamorado».

Ao contrário do que Freud ensinou erradamente, *eros* não é um mero desejo sexual, ainda que inclua a atração sexual. Diz respeito primordialmente à pessoa. Deseja-se possuir o conjunto da pessoa, não somente o seu corpo: neste sentido, é muito mais poderoso que a atração sexual.

Qual é o propósito deste amor? O mais provável é que seja como um catalisador do matrimônio, que ajuda os namorados a vencer as dúvidas que pode suscitar o compromisso de um casamento para toda a vida.

Com efeito, é provavelmente o primeiro aliciante para que as pessoas se casem, ainda que, como demonstram uma e outra vez os apaixonados de Hollywood, não seja o primeiro

---

(14) João Paulo II, *Bem-aventurados os limpos de coração*. Isto opõe-se à ideia atual, de conotação freudiana, de que o amor não passa de mera atração sexual.

ingrediente para o êxito de um casamento. Lembro-me de ter ouvido uma atriz, de uns sessenta anos, dizer na televisão acerca do seu quarto casamento: – «Este é o meu autêntico amor. Os outros não o foram. Este casamento durará porque o nosso amor é real». Poucos anos depois, também esse casamento tinha chegado ao fim...

C.S. Lewis insiste num ponto que deveríamos ter bem presente: se você faz do *eros* um deus, este converter-se-á num demónio e destruí-lo-á. *Eros* é uma coisa maravilhosa, admirável, mas é finita; não é Deus. Imita a Deus na medida em que está muito acima de outros prazeres da terra: parece ser um deus, mas não o é. Só Deus é infinito, eterno. *Eros* não.

Se você souber como é finito esse amor que imita a divindade, e compreender que não é forçoso entregar-se a ele, evitará muitas desgraças. Mas se entender o seu sentido e o compartilhar com o seu cônjuge, será muito doce.

Em qualquer relação, a paixão debilita-se invariavelmente, e isso por dois motivos. Primeiro, porque está chamada a crescer com o mistério, e o mistério se desvanece com a habituação. Segundo, porque, enquanto amor humano, é limitada e tem de ser alimentada e sustentada pelo amor divino. Se não está divinizada, morrerá como morre tudo o que é meramente humano.

Como se pode mantê-la viva – ainda que não como no dia do casamento – ao longo da vida conjugal? Em primeiro lugar, crescendo em graça e sabedoria, quer dizer, preservando certo mistério na relação. Segundo, pondo em prática o amor divino (*ágape*). É assim que a paixão, boa em si mesma, pode manter-se viva e a relação conservar um certo fascínio.

A paixão pode exprimir-se por meio de palavras – «Estou apaixonado por você» – ou de atos. Mas de que atos? Atos apaixonados para sentimentos apaixonados? Se aplicarmos este raciocínio a outros sentimentos, seriam necessários atos coléricos para sentimentos coléricos (por exemplo, atirando contra a parede uma ou duas cadeiras, ou estilhaçando os vidros de umas quantas janelas), ou atos de ciúmes para sentimentos ciumentos (talvez um soco na boca). Naturalmente, os sentimentos devem ser manifestados, mas de um modo construtivo e sensato.

Os atos apaixonados e a sua consequência natural – a relação sexual – são algo muito mais profundo que um sentimento. Simbolizam entrega, exclusividade, uma doação total, um amor tão rico que deseje dar lugar a uma nova vida com a qual compartilhar esse amor.

A manifestação física mais honesta da paixão é o carinho romântico. O modo de acariciar-se, de abraçar-se, de beijar-se, exprime uma pura gratidão e um deleite com a felicidade do outro, que me deu semelhante felicidade. Este é o modo cristão de exprimir o *eros*, despojado do egoísmo que mata o amor e divinizado pelo amor divino. E esta manifestação do *eros*, por estar divinizada, fará com que perdure.

Na Eucaristia, vemos realizada a promessa contida no impulso natural da paixão: a de consumir o amado. Ao recebermos a Eucaristia, consumimos o nosso Deus como Ele nos consome mais e mais dentro da sua vida da graça, enquanto sinal do amor consumado que nos espera no seu Reino. A paixão é, pois, um sinal do fogo irreprimível com que todo o nosso ser arderá ante a mera visão de Deus.

Por certo, a palavra *eros* não aparece no Novo Testamento, mas no *Cântico dos Cânticos*, do Antigo Testamento. É a história do amor apaixonado entre Deus e o seu povo:

> *Tu me fazes delirar, minha irmã, minha esposa,*
> *tu me fazes delirar com um só dos teus olhares,*
> *com um só colar do teu pescoço.*
> *Como são deliciosas as tuas carícias, minha irmã,*
> > *minha esposa!*
> *Mais deliciosos que o vinho são os teus amores,*
> *e o odor dos teus perfumes excede o de todos os aromas!*
> *Teus lábios, ó esposa, destilam mel;*
> *há mel e leite sob a tua língua.*

*O perfume das tuas vestes é como o perfume do Líbano.
És um jardim fechado, minha irmã, minha esposa,
um jardim cercado, uma fonte selada.
Os teus rebentos são como um bosque de romãs
com frutos deliciosos* (Ct 4, 9-13).

Como costumava dizer Fulton J. Sheen, «os homens prometem o que só Deus pode dar. E toda a mulher promete o que só Deus pode dar». Só quando uma pessoa compreende isto poderá fruir do *eros* sem converter-se em seu escravo.

E, além disso, todos podemos conceber no coração um amor apaixonado por Deus aqui na terra. Ainda que seja uma ideia alheia à maioria dos cristãos, Santo Agostinho exprimia-a assim: «Tarde te amei, formosura tão antiga e tão nova, tarde te amei! Acontece que tu estavas dentro de mim e eu fora. Andava à tua procura por fora e, como um monstro de fealdade, lançava-me sobre a beleza das tuas criaturas. Tu estavas comigo, mas eu não estava contigo. Mantinham-me prisioneiro longe de ti aquelas coisas que, se não existissem em ti, não existiriam. Chamaste-me, gritaste-me e rompeste a minha surdez. Relampejaste, resplandeceste e o teu resplendor dissipou a minha cegueira. Exalaste os teus perfumes, respirei fundo e suspiro por ti. Saboreei-te, e morro de fome e de sede. Tocaste-me, e ardo em desejos da tua paz»[15].

Em resumo

Cada um dos quatro tipos de amor tem o seu lugar nas nossas vidas. Os quatro são bons no lugar adequado. Só o amor *ágape* é divino e vivifica todos os outros. Os três amores humanos murcham e morrem no egoísmo se não estão animados pelo amor divino. Se, pela graça, o amor *ágape* se

---

(15) Santo Agostinho, *Confissões*, X, 38.

converte no tema dominante da vida, acontecem duas coisas. Em primeiro lugar, você começará a amar como Deus ama, coisa que o encantará. Em segundo lugar, será capaz de unir-se com Deus e com os outros no amor. Nenhum prazer da terra poderá superar essas boas relações. Nenhuma outra coisa nos proporcionará essa felicidade perene, no namoro, no casamento ou no Céu.

Um desafio importante: o namoro casto

O maior desafio que enfrentam hoje os solteiros cristãos é talvez o de procurarem viver uma vida cristã casta, também durante o namoro. O que espera Jesus de nós com respeito ao namoro no século XXI? As normas mais evidentes encontram-se na Sagrada Escritura. Outras requerem a ponderação e a guia da Igreja.

Sagrada Escritura

Recordemos em primeiro lugar a pregação de Jesus sobre o sexo pré-matrimonial: *É do interior do coração dos homens que procedem os maus pensamentos:* fornicações, *roubos, assassinatos, adultérios, cobiças, perversidades, fraudes, desonestidade, inveja* [...]. *Todos estes vícios procedem de dentro e tornam impuro o homem* (Mc 7, 21-23).

Fornicação não é uma palavra que muitos de nós empreguemos diariamente. Define-se como *a relação sexual entre duas pessoas solteiras de sexo oposto*. É patente que Jesus se opunha às relações pré-matrimoniais. Assim o repetia São Paulo: *Acaso não sabeis que os injustos não hão de possuir o Reino de*

Deus? Não vos enganeis: nem os fornicadores, nem os idólatras, nem os adúlteros, nem os efeminados, nem os devassos, nem os ladrões, nem os avarentos, nem os bêbados, nem os difamadores, nem os assaltantes hão de possuir o Reino de Deus (1 Cor 6, 9-10).

A palavra «fornicação» aparece três vezes no Antigo Testamento e catorze no Novo. Em todos os casos se afirma que é imoral. Constitui, pois, um pecado mortal e exclui do Reino.

Isto não significa que todo aquele que fornicou está perdido. O Senhor perdoa os que se arrependem, confessam o seu pecado e se reformam. Assim o vemos claramente no modo como tratou a mulher apanhada em adultério (cf. Jo 8, 3-11), bem como Maria Madalena, que, segundo São Gregório, foi uma pecadora arrependida.

Dos pecados mortais, os sexuais são os mais frequentes, mas não os piores. Pior que cometer um pecado de caráter sexual por fraqueza é cometer o pecado de negar o ensinamento da Sagrada Escritura sobre a gravidade da fornicação. Por outras palavras, os que racionalizam a sua fornicação e pretendem ser bons cristãos são muito piores que aqueles que abraçam a verdade, mas às vezes falham em vivê-la. Os ensinamentos da Sagrada Escritura e da Igreja são muito claros neste sentido, e declarar-se inocente por ignorância é uma desculpa quase impossível.

Doutrina da Igreja

A Igreja faz-se eco da lição da Sagrada Escritura na *Declaração «Persona humana», sobre alguns pontos de ética sexual*: «O uso da função sexual só tem autêntico sentido e retidão moral no verdadeiro matrimônio». E vai mais longe e confirma a gravidade dos pecados sexuais: «A ordem moral da sexualidade exige tão altos valores da vida humana que qualquer violação direta dessa ordem é objetivamente grave». Assim, toda a atividade sexual fora do matrimônio – incluindo as relações pré-matrimoniais, o adultério, a masturbação e os comportamentos homossexuais – é gravemente pecaminosa.

Por que é imoral o sexo fora do matrimônio? Brevemente: é imoral porque o sexo é um símbolo do compromisso marital de amor e porque pode dar origem a filhos que serão concebidos e educados na estável comunidade de amor que é o matrimônio.

Quão longe é demasiado longe?

O sexo pré-matrimonial é claramente mau. E o que dizer de outras coisas como as carícias estimulantes? São pecaminosas? Sim, é má qualquer excitação sexual desejada fora do casamento. São Tomás de Aquino escreveu-o na *Suma Teológica*: «Como a fornicação é um pecado mortal, assim como muitos outros pecados de luxúria, segue-se que é pecado mortal não só consentir no ato, mas também o prazer consentido. Conclui-se daqui que são pecados mortais os beijos e as carícias que se trocam tendo em vista esse prazer [...]. Portanto, na medida em que são luxuriosos, são pecados mortais».

O Doutor Angélico define a luxúria como «a busca do prazer sexual em desacordo com a reta razão». É evidente que a luxúria inclui a tentativa de cometer pecados sexuais ou simplesmente imaginá-los, como indicou Jesus: *Mas eu vos digo: todo aquele que olha com cobiça para uma mulher, já adulterou com ela no seu coração* (Mt 5, 28).

Os beijos apaixonados ou quaisquer outros atos que pela sua natureza ou intenção estimulem o desejo do sexo ou provoquem excitação sexual podem, pois, ser qualificados como atividade sexual. Esses atos realizam-se geralmente com a finalidade de proporcionar um certo prazer incompleto que só se pode completar com a relação sexual ou o orgasmo. No dizer de São Tomás, todos esses atos são pecados graves.

A excitação sexual fora do matrimônio é pecaminosa porque prepara a pessoa para a relação sexual, e não é razoável prepará-la se não se deve chegar a ela. Quando um moço e uma moça se excitam sexualmente e depois dão marcha à ré voluntariamente ou chegam ao clímax com algum tipo de atividade genital, trivializam o sexo. Por outras palavras, usam-no como um jogo. A Igreja nunca trivializou o sexo: considera-o como algo valioso e sagrado. Portanto, ninguém pode trivilializar os atos que o preparam.

Então, até onde pode chegar um cristão nos seus encontros? Digamo-lo simplesmente: compartilhar o afeto é geralmente agradável e bom, até desejável, mas os atos que pela sua natureza ou intenção causem uma excitação sexual em ambos são gravemente imorais.

Alguns sustentam que a questão de saber até onde se pode chegar é como perguntar até onde podemos aproximar-nos da borda de um precipício sem cair. Não é assim. Aproximar-se da borda de um precipício não tem um valor intrínseco. Compartilhar o afeto tem. É saudável, ajuda a criar vínculos afetivos. Como tal, devia ser buscado dentro de certas medidas.

No seu livro *Amor e responsabilidade*, João Paulo II observa que o afeto (nas suas palavras, a «ternura») é um fator importante no amor. Mas não pode existir uma autêntica ternura sem domínio próprio, «que tem a sua origem no desejo de demonstrar um amor terno, e assim vencer a tentação de um mero prazer...» Em outras palavras, existe uma linha divisória entre o nobre e bom intercâmbio de carinho, por um lado, e a busca do prazer sexual por outro. Permanecer no lado da virtude exige domínio pessoal.

Uma nota sobre a pornografia

É pecado grave ver pornografia como entretenimento? Sim, porque corrompe a mente. Como ensina o *Catecismo da*

Igreja Católica, «a pornografia consiste em dar a conhecer atos sexuais, reais ou simulados, fora da intimidade dos protagonistas, exibindo-os diante de terceiros de maneira deliberada. Ofende a castidade porque desnaturaliza o ato conjugal, doação íntima dos esposos um ao outro. Atenta gravemente contra a dignidade de quem se dedica a ela (atores, comerciantes, público), pois cada um se torna para o outro objeto de um prazer rudimentar e de um lucro ilícito. E faz mergulhar uns e outros na ilusão de um mundo fictício. É pecado grave»[1].

Não é simplesmente ocasião de pecado, mas um pecado grave em si mesmo, porque degrada o sexo e todas as pessoas implicadas.

Aplicações práticas

Então, o que significa isto na prática atual? Em primeiro lugar, como os homens se excitam mais rapidamente que as mulheres, uma mulher deve preocupar-se pelo modo como reage o seu namorado, e não pelo seu próprio. Se ele se mostra menos amável e mais insistente nos seus abraços ou nas suas despedidas, não há dúvida de que ultrapassou os limites do carinho. É o momento em que um deles ou ambos devem dar marcha à ré, com uma palavra elogiosa. Por que elogiosa? Para evitar o pecado sem ferir o ego. Podem ser frases como estas: «Você é muito valioso/a para mim» ou «Você é o máximo», antes de deixar essa companhia à noite.

Uma pergunta clássica entre os solteiros diz respeito ao *french kiss* ou beijo de língua. É aceitável? Redondamente, não. Houve mulheres que me disseram serem capazes de fazê-lo sem se sentirem excitadas, e acredito nelas. Mas é difícil encontrar um homem normal que não se excite com um beijo de língua. As mulheres são responsáveis por tudo

---

(1) *Catecismo da Igreja Católica*, n. 2354.

o que provocam no homem, assim como pelo que provocam em si mesmas.

Um estudante disse-me: – «Padre, eu consigo dar um beijo de língua sem excitar-me». Repliquei-lhe: – «Talvez seja porque o faz mal». Também pode ser porque, pela prática constante, um homem se torne insensível, mas esse processo de insensibilização esconde já muitos pecados graves.

E se alguém se excita com uma simples manifestação de carinho? Pelo princípio do efeito indireto, é algo que pode acontecer. A chave está em que a pessoa não pretenda excitar-se. No entanto, é preciso evitar uma demorada manifestação de afeto que tenha como consequência uma excitação, já que é provável que, quando se prolonga, acabe por arrastar a vontade. De qualquer modo, pôr-se voluntariamente em perigo de pecar já é um pecado.

Outro tema que se costuma passar por alto é a situação de um homem e de uma mulher que, sentados no carro, se beijam – «só isso, carinhosamente» – durante um bom tempo. Além da tentação de cair num pecado sexual, aqui há um problema. O propósito do namoro é chegar a conhecer a outra pessoa para ver se seria conveniente casar-se com ela. Os beijos prolongados não ajudam a alcançar esse objetivo. Geralmente, faz-se isso por ser agradável, não para se chegar a uma descoberta interpessoal. De modo que, ainda que os beijos prolongados não provoquem excitação (o que poderia ser caso para uma consulta médica), são contraproducentes para o namoro. São pelo menos um pecado contra a virtude da prudência.

Em resumo

A Sagrada Escritura afirma a grave pecaminosidade do sexo pré-matrimonial. A Igreja chega à sensata conclusão de que toda a atividade orientada para uma excitação sexual à margem da vida conjugal é gravemente imoral. Sexo é uma palavra com um profundo conteúdo de compromisso de amor, e a sua preparação justifica-se apenas no âmbito de uma relação firme, que é o casamento.

Neste século XXI, um namoro casto é coisa difícil, mas apenas quase tão difícil como o Evangelho, do qual faz parte essencial. Antes de entrarmos em mais detalhes sobre o modo de vivê-lo, estudemos os motivos pelos quais, com base na natureza humana, este é o caminho para a verdadeira felicidade.

Por que um namoro casto, um namoro cristão?

Um dos maiores problemas do século XXI é a confusão sobre questões morais. Alguns, até cristãos, acham que as normas morais são restrições externas estabelecidas por Deus para ver se lhe obedeceremos. Dito de outro modo, viver imoralmente viria a trazer-nos mais felicidade, mas, como Deus não o aprova, não devemos fazê-lo. Nada mais longe da verdade. A lei moral são as instruções de Deus para a nossa conduta, o projeto para a nossa felicidade eterna. Está feita à medida da nossa natureza como pessoas, e ordenada para a nossa realização como seres humanos complexos, racionais e dotados de sensibilidade.

Imagine um mundo no qual os homens e as mulheres vivessem realmente o código moral de Deus com respeito à sexualidade: não haveria filhos «sem pai», seriam pouquíssimas as doenças venéreas, haveria menos mentiras, as mulheres teriam muito mais controle sobre a sua vida, os homens começariam a relacionar-se com elas na qualidade de pessoas e não como meros objetos sexuais. Da mesma forma, também os meios de entretenimento descreveriam as mulheres como pessoas, não como brinquedos. Seria um mundo tão espetacular...!

A melhor fonte de informação sobre o que é reto e errado é sem dúvida a palavra de Deus e da sua Igreja. No entanto, analisar à luz da condição humana a sabedoria do ensinamento divino sobre a castidade pode ajudar-nos a compreender a nossa doutrina moral.

Aplicando-o aos quatro amores

Perante as quatro diversas dinâmicas do amor que tivemos ocasião de estudar anteriormente, está clara a razão pela qual a atividade sexual pré-matrimonial é má. Em primeiro lugar, porque parte da base de que o namoro de um homem e uma mulher é um período destinado a desenvolver os hábitos de *ágape*, de amizade e de carinho no relacionamento mútuo, a fim de que, quando após o casamento entrar em jogo a intimidade sexual, não impere o egoísmo. Qualquer coisa grata pode levar facilmente ao egoísmo, e este é certamente o caso do sexo antes do casamento. Ora, o cristianismo está destinado a eliminar o egoísmo e a promover o verdadeiro amor de doação.

Iniciar uma atividade sexual antes da entrega matrimonial apagará com frequência o apetite pelos amores que, embora menos excitantes, são mais fundamentais: *ágape*, amizade e carinho, como vimos. E é importantíssimo que esses amores «mais serenos» não cessem de crescer. Há casais que, passados poucos anos, descobrem que têm muito poucas coisas em comum além do sexo, e carecem de base para a amizade. E esta não nasceu durante o namoro porque prevaleciam os elementos físicos e emocionais.

Num namoro cristão, ele e ela relacionam-se em nível pessoal, não em nível físico. E assim abrem espaço para as muitas coisas de que devem falar, todas elas encaminhadas a compartilhar os profundos desejos dos seus corações e os seus sonhos mais íntimos. Essa é a base que dá fundamento e solidez a um bom casamento, e que o protege de vir a cair na rotina[1].

Alguns defendem a ideia de viver juntos dizendo: «Por acaso você compra um carro antes de experimentá-lo?» É claro que não. Mas um carro é um objeto: pode-se percorrer as lojas à procura do modelo que sai mais em conta, e então compra-se. Usa-se durante uns anos e depois troca-se por um novo. Isso é modo de tratar as pessoas? Você gostaria de que o tratassem assim?

O critério cristão sobre o sexo, exposto na *Gaudium et Spes*, é que o ato conjugal «significa e favorece o dom recíproco com o qual [os esposos] se enriquecem mutuamente num clima de gozosa gratidão». Simboliza uma entrega total, um amor fecundo que não deseja terminar em si mesmo, mas que pretende ir mais longe, mais além do *égoisme à deux*, como dizem os franceses – até gerar novas vidas. Tudo isto fica comprometido quando se pratica o sexo antes ou fora do casamento.

O pensamento de João Paulo II

João Paulo II deixou-nos alguns textos excelentes sobre a castidade, desde o livro *Amor e responsabilidade* até a sua «Teologia do Corpo», que expôs numa série de palestras nas suas audiências das quartas-feiras, entre 1979 e 1984.

Identificava três etapas na condição humana:

1. Antes do pecado original.
2. Depois do pecado original.
3. Depois da morte redentora de Cristo.

---

(1) Acrescentemos que a chegada dos filhos é outro elemento fundamental para tirar os pais do tédio dessa rotina e ajudá-los a crescer em amizade.

Antes da queda no pecado original, a humanidade possuía aquilo que, em *unidade original*, o papa chamava a «plenitude da visão, pela qual se manifestava o "puro" valor da humanidade como homem e mulher, o "puro" valor do corpo e do sexo [...]. Um e outro se viam e se conheciam realmente, com toda a paz do olhar interior, que cria precisamente a plenitude da intimidade das pessoas». Assim, com esse «olhar interior», o homem e a mulher podiam ver um no outro não só um corpo, mas uma pessoa, com todos os seus valores, interiores e exteriores.

Depois da queda, as coisas mudaram dramaticamente. Adão disse: *Tive medo, porque estou nu; e escondi-me* (Gn 3, 10). «De certo modo – comenta João Paulo II –, o homem perdeu a realidade original da "imagem de Deus", manifestada no seu corpo. Perdeu também, em alguma medida, o sentido do seu direito de participar na percepção do mundo, do qual gozava no mistério da criação. Este direito tinha o seu fundamento no interior do homem, em ter ele mesmo participado da visão divina do mundo e da sua própria humanidade; uma visão que lhe dava a profunda paz e a alegria de viver na verdade e de valorizar o seu próprio corpo...»

O homem perdeu o «olhar interior» que tinha na inocência original, pelo qual era capaz de ver, para além das aparências exteriores, o conjunto da pessoa exprimida pelo corpo. Ou seja, antes da queda, a humanidade via os outros na sua totalidade, «a cores». Depois da queda, o quadro mudou, e já só se veem em cores os valores físicos, enquanto os valores interiores ou espirituais se veem em preto e branco. Predominam os valores físicos, que são os valores sexuais. Em lugar do «olhar interior», tem-se uma visão superficial do corpo e uma resposta superficial a esse corpo.

Assim comentava João Paulo II o texto de Mateus 5, 28: *Todo aquele que olhar para uma mulher cobiçando-a, já adulterou com ela no seu coração.* Estas palavras, diz o papa, não constituem uma acusação, mas uma «chamada ao coração».

À luz da Redenção, «o homem deve sentir-se chamado a redescobrir, ou melhor, a compreender o sentido nupcial do corpo e a exprimir deste modo a liberdade interior da doação, quer dizer, desse estado espiritual e desse poder espiritual que derivam do domínio sobre a luxúria da carne. As palavras de Cristo atestam que o poder original (portanto também a graça) do mistério da criação chega a ser para cada homem o poder (quer dizer, a graça) do mistério da Redenção».

Acrescentava o papa que Cristo não convida o homem a voltar ao estado de inocência original, mas a viver como o «homem novo» da Redenção, com pureza de coração, na perfeição. No entanto, no modelo de conduta da Redenção, «o *ethos* original da criação terá de ser recuperado». O homem é chamado a re-estabelecer «com um poder mais profundo e mais firme [...] o valor do sentido nupcial do corpo, [...] pelo qual o Criador [...] escreveu no coração do homem o dom da comunhão». O homem é novamente livre para amar, não para usar[2], porque, pela graça, recuperou a «plenitude da visão» que tinha no princípio.

Em *Amor e responsabilidade*, a castidade era descrita em sentido positivo: «A essência da castidade consiste na rapidez em afirmar o valor da pessoa em qualquer circunstância e em elevar todas as reações do corpo e do sexo ao nível da pessoa. Isto exige um esforço interior e espiritual, porque afirmar o valor da pessoa só pode ser fruto do espírito, mas é um esforço sobretudo positivo e criativo "a partir de dentro", não negativo nem destrutivo. Não se trata meramente de "aniquilar" o valor "do corpo e do sexo" na mente consciente, enviando as reações para o subconsciente, mas de apoiar a integração em termos amplos; o valor "do corpo e do sexo"

---

(2) «A pessoa é um bem para o qual a única atitude correta e adequada é o amor». Ou, em termos negativos, «a pessoa é o tipo de bem que não admite uso e não pode ser tratada como um objeto de uso» (*Amor e responsabilidade*).

deve ser enraizado e implantado no valor da pessoa». Neste estado redimido, um homem pode relacionar-se com uma mulher tratando-a como uma pessoa[3], não como um corpo nem como um objeto de uso.

Isto coincide com a nossa análise dos quatro amores. A amizade, o afeto e especialmente o *ágape* são amores que afirmam a personalidade, ao passo que a atividade sexual sem esses amores se converte num hábito arraigado. Sem a entrega que implica, o sexo tende a despersonalizar o outro. Faz da outra pessoa um objeto *para* mim, não uma pessoa unida *a mim* pelo amor. Só quando uma pessoa se relaciona corretamente com o namorado/a obterá a experiência da alegria de um amor profundo e enriquecedor.

Dignidade da mulher[4]

Certa vez, uma moça contou-me que tinha dormido com o namorado. Como parecia indiferente à doutrina da Sagrada Escritura, disse-lhe: – «Pois já sabe: agora você é uma escrava». Com os olhos muito abertos, reagiu: – «O senhor tem razão. Ele não está comprometido, mas eu sim. Não quero sair e conhecer ninguém mais depois do que fizemos, mas ele sim. Basta de sexo!»

Outra moça tinha medo de dizer ao namorado «católico» que não voltaria a deitar-se com ele. Temia que rompesse com ela. Por fim, disse-o e ele não a deixou. Depois de

---

(3) O *eros* será mais forte quando você se relaciona com o conjunto da pessoa? É evidente! Isso é perigoso? Sim, se não se conta com o poder de transformação do amor *ágape*. O amor *ágape* leva a canalizar os desejos mais fortes para o serviço aos outros, mais do que para uma posse cobiçosa da pessoa amada.

(4) Esta parte é um extrato do artigo «Women: the key to Cultural Renovation» («Mulheres: a chave da renovação cultural»), *Lay Witness*, jul. 2002.

mais alguns encontros, ela decidiu que não o amava e pôs fim ao relacionamento! Enquanto dormiam juntos, ela não via como essa relação era má, porque tentava salvá-la a todo o custo. Quando deu marcha à ré e foi capaz de olhar o namorado objetivamente, deu-se conta de como era infeliz.

Tudo isto indica uma coisa que a sabedoria repetiu durante séculos: as mulheres são as que mais perdem nas relações pré-matrimoniais. Em termos modernos, a chamada revolução sexual foi péssima para todos, mas as mulheres ficaram com a pior parte.

Por que foi tão nociva a revolução sexual para as mulheres? Quando uma mulher se deita com um homem, estabelece com ele uns laços afetivos e sente-se comprometida, porque é mais equilibrada. Um homem não se sente necessariamente comprometido quando pratica sexo com uma mulher. Estabelece-se, portanto, uma relação na qual uma pessoa está comprometida e a outra não. A mulher tende a suportar o mau comportamento do homem porque não deseja deixá-lo e sair com outro. O homem, se dá vazão ao que tem de pior no seu caráter, tende a desinteressar-se cada vez mais do modo como a trata, porque percebe que ela o aceitará. O resultado costuma ser que a mulher é maltratada antes do casamento, e tanto ou mais depois que se casam.

Nos inícios da década de 60, as mulheres passaram a estar cada vez mais de acordo com as propostas imorais dos homens, e assim começaram a ser pior tratadas. Nos princípios da década de 70, ficaram fartas e iniciaram uma revolução feminista. As lideranças fizeram um trabalho maravilhoso identificando o problema, mas as soluções que propuseram foram piores que o problema em si. Decidiram que as mulheres deviam ser exatamente iguais aos homens, pedindo-lhes que saíssem com elas quando quisessem, pagando pelos encontros que marcavam e entregando-se a numerosas relações sexuais, a ponto de se verem obrigadas a abortar para ocultar os seus erros.

As mulheres não podem fruir do sexo ocasional sem violentar a sua natureza. E muito menos abortando. Isto tende a tornar mais profunda a desavença entre os sexos. O número de divórcios nos Estados Unidos duplicou a partir de 1960[5]. E, segundo alguns cálculos, entre as mulheres filiadas à Organização Nacional de Mulheres (NOW), uma organização radicalmente feminista, chegam a 50% as que são lésbicas. Claramente, essa versão do feminismo não funciona.

Há outras mulheres que começam a chegar à mesma conclusão. Danielle Chrittenden escreve: «A mulher de idade madura descobre hoje rapidamente que goza de [...] uma garantia de "igualdade sexual": o direito de fazer amor com um homem e não voltar a vê-lo; o direito de ver-se insultada e rebaixada se se nega às investidas de um homem; o direito de sofrer de uma doença transmitida sexualmente que, como recompensa, pode deixá-la estéril; o direito de abortar quando as coisas correm mal ou, como também pode acontecer, o direito de arcar com um filho fora do casamento. É evidente que, de todas as promessas que nos fizeram sobre a nossa capacidade de alcançar a liberdade e a independência como mulheres, a promessa da emancipação sexual foi a mais ilusória»[6].

Em *A Return to Modesty*, Wendy Shallit adverte as mulheres: «O nosso peculiar sistema cultural tenta prevenir-nos para que não procuremos senão o "mero sexo", e assim nos livremos das nossas românticas esperanças ou, segundo os casos, da nossa vergonha e das nossas obsessões. Desejo dizer que isso é nada menos que uma tentativa de arrancar-nos

---

(5) Bridget Maher, *The Family Portrait: A Compilation of Data, Research and Public Opinion on the Family*, Family Research Council, Washington, DC, 2004.
(6) Danielle Chrittenden, *What Our Mothers Didn't Tell Us: Why Happiness Eludes the Modern Woman*, Simon & Schuster, Nova York, 1999, 208 págs.

a nossa feminilidade e, em muitos casos, de levar-nos a situações de autêntico perigo»[7]. E afirma-o baseando-se em artigos escritos pelas próprias libertadoras em *Cosmopolitan*, *Elle* e *Mademoiselle*. Tempos atrás, por exemplo, a colunista Mona Charen sustentava que o programa de abstinência *Best Friends*, de ajuda às jovens universitárias para adiarem o sexo, rejeitarem as drogas e o álcool, e desenvolverem uma verdadeira autoestima, afastou essas moças da sua feminilidade.

A questão é que a mulher pode conservar a sua dignidade feminina vivendo a castidade cristã e ajudando também o homem a alcançar a salvação. Se os homens não desejam elevar a sua cultura a um nível cristão (coisa que deveriam propor-se), as mulheres podem fazê-lo, como foi durante séculos. Fulton J. Sheen teve uma grande visão do futuro quando disse que o nível de civilização de uma sociedade é sempre determinado pelas mulheres. Se as mulheres se negam ao sexo pré-matrimonial e insistem em que o homem as trate bem antes e depois do casamento, elevam o nível da cultura no seu conjunto.

Os homens e a castidade

Os homens têm muito a ganhar com a castidade, além da salvação das suas almas (como se fosse pouco!), embora para eles os benefícios sejam mais sutis. Quando se comprometem a viver castamente e a perseverar firmemente nessa atitude, os homens valorizam mais as mulheres, fazendo-as sentir-se seguras, atraentes e misteriosas. Pelo contrário, aqueles que alardeiam a superioridade que acompanha as relações pré-matrimoniais sentem-se extremamente decepcionados ao verificar mais tarde que a esposa se converteu numa mulher

---

(7) Wendy Shalit, *A Return to Modesty: Discovering the Lost Virtue*, Touchstone, Chicago, 2000, 291 págs.

apoucada. Raras vezes se apercebem de que foram eles que criaram essa mulher!

Todos os que respeitam a virtude da mulher ajudam-na a ser uma pessoa autêntica, com critérios autênticos, com autêntica vontade, não a mulher irritável e teimosa que se revoltou contra os frequentes maus-tratos a que a submeteu um namoro pouco casto. A mulher que viveu de acordo com a vontade do Senhor está em paz com a sua identidade, com o seu marido e com o mundo. Por sua vez, um homem casto pode viver em paz com os seus apetites e evitar o egoísmo que acompanha a permissividade sexual; será capaz de transmitir uma fé íntegra aos seus filhos porque ele a viveu; não se abalará com as dificuldades, porque as enfrentou e superou.

O sexo pré-matrimonial e o divórcio

É bem conhecida a relação entre sexo pré-matrimonial e divórcio. Segundo um estudo publicado em 1992 pela Universidade de Chicago, os homens que mantiveram relações sexuais pré-matrimoniais têm cerca de 63% mais probabilidades de divorciar-se. As mulheres, em torno de 73%[8].

Há quem argumente que os valores daqueles que não mantêm relações pré-matrimoniais são próprios de pessoas mais tradicionais e, portanto, mais dispostas à estabilidade matrimonial. É verdade. Mas não pretendemos animar ninguém a evitar as relações pré-matrimoniais trocando-as por outros valores mundanos. O que propomos é a conversão a Cristo e ao seu pleno modo de vida.

---

(8) Edgard O. Laumann, John H. Gagnon, Robert T. Michael e Stuart Michaels, *The Social Organization of Sexuality: Sexual Practices in the United States*, University of Chicago Press, Chicago, 1994, 750 págs. Segundo Bridget Maher em *The Family Portrait*, é a pesquisa recente mais autorizada sobre o sexo.

Os cristãos estão realmente obcecados pelo sexo?

O mundo está muito mais obcecado pelo sexo que os cristãos. Este tema preocupa-nos. O sexo atrai-nos, mas a nossa atitude é muito mais respeitosa que a do resto do mundo.

É difícil dialogar com as pessoas sobre este ponto, pois geralmente adotam o dogma do pansexualismo. O mundo está convencido de que, com poucas exceções, ele/a têm que manter relações sexuais com quem queiram e quando queiram. Se a prática do sexo sem restrições leva a conceber filhos, o problema resolve-se com a contracepção e, se for necessário, com o aborto.

Não há dúvida de que, como vimos, o sexo é mais que um jogo e que as pessoas são algo mais que um objeto de prazer. O sexo tem um efeito profundo nos seus participantes. Tem uma profunda linguagem de amor que simboliza uma união íntima. É um amor que transborda na aparição de uma nova vida, recebida do Criador. De modo algum é superficial ou secundário, antes faz parte do núcleo da pessoa. Poderíamos considerar a sexualidade como o seu núcleo estético, o lugar onde a pessoa é bela, poética e artística.

É também o ato pelo qual um homem «exprime e aperfeiçoa» o amor que sente pela esposa. Cada vez que um marido fiel se deita com a esposa, o que faz é dizer-lhe: «Entreguei-me a você para toda a vida. Dou-me *totalmente* a você. Não amo ninguém mais deste modo e o meu amor por você é tão completo que desejo que se verta generosamente numa nova vida, a qual, por sua vez, será um símbolo da perenidade do nosso amor»[9]. Este é o sentido intrínseco do sexo, que o faz belo e sublime.

---

(9) Isto não significa que qualquer ato sexual de amor deva trazer consigo o propósito de ter filhos, mas sim que tem de simbolizar o amor conjugal, que em si mesmo deve estar aberto a uma nova vida.

Quando se usa mal o sexo, parece surgir uma tristeza inevitável que, no melhor dos casos, é melancolia, e no pior, depressão. O idealista clama pela maravilhosa sinfonia que deveria ressoar no seu interior, mas que ficou arruinada pela sua entrega a um apetite pelo prazer.
Qualquer ser humano sabe o que é o sexo e não o trata como algo insignificante. O sexo não é uma mera atividade recreativa.

Em resumo

Uma relação à margem da castidade não trará consigo a felicidade, porque provoca um curto-circuito nos amores mais ricos, serenos, mas mais fundamentais, como o *ágape*, a amizade e o carinho. Quando um homem corteja castamente uma mulher, descobre como é profunda a personalidade que ela tem, e isto é fonte de plena satisfação. Quando uma mulher insiste em viver castamente o seu namoro, situa-se em pé de igualdade com o homem, e não cai na escravidão de sentir-se atada a ele por terem dormido juntos. Um homem que deseje viver um namoro casto confiará na mulher, notará melhor os seus atrativos e ajudá-la-á a vir a ser um bom modelo para os seus filhos. Graças a um namoro limpo, ambos se livrarão da infelicidade de banalizar o sexo.

Os verdadeiros cristãos não podem admitir as mentiras do mundo, por muito espalhadas que estejam. Como cristãos, temos de manter a verdade sobre o sexo e sobre a humanidade. O sexo é bom, é belo, mas está reservado para o casamento. E, com a ajuda de Deus, permite viver a dignidade da castidade.

Viver um namoro cristão

É realmente possível viver um namoro cristão no século XXI. É possível viver a castidade evangélica sem uma luta cotidiana crispada e dolorosa. É possível viver um autêntico namoro cristão mesmo que não se tenha feito assim no passado.

Para começar, estudemos a virtude da castidade. Segundo São Tomás de Aquino e Aristóteles, a castidade é *a moderação habitual do apetite sexual de acordo com a reta razão*. Em outras palavras, é o domínio que a razão exerce sobre o apetite sexual[1].

Não se trata somente de regular o comportamento, que poderia ser uma manifestação de autodomínio, mas do autêntico desejo de controlar a conduta sexual. Observe-se também que a norma é a «reta razão», quer dizer, a razão em conformidade com o eterno amor de Deus, não uma razão mundialmente difundida que considera razoável qualquer sexualidade que evite doenças ou gravidezes não desejadas.

---

(1) «A castidade significa a integração harmônica da sexualidade na pessoa e, por isso, na unidade interior do homem no seu ser corporal e espiritual...» (*Catecismo da Igreja Católica*, n. 2337).

Como viver castamente

Como crescer na *virtude* da castidade de modo a vivê-la habitualmente e com alegria?

A castidade é um fruto do Espírito Santo, e só se obtém com esforço e uma oração constante. Os frutos de uma árvore aparecem depois das folhas e das flores, e o mesmo acontece com os frutos do Espírito Santo. Exigem um cuidadoso cultivo com a ajuda da graça de Deus. Para começar a viver castamente, requer-se uma profunda vida interior. Quinze minutos de meditação diária, mais a assistência frequente à Missa e a recepção dos sacramentos, são fundamentais para todo aquele que deseje viver esta virtude.

O convencimento próprio

Além da Missa e dos demais sacramentos, podem-se utilizar diversos meios que contribuam para aproveitar a graça sacramental. Comecemos por observar, com São Tomás de Aquino e Aristóteles, que o apetite sexual parece gozar de vida própria. Não escuta apenas a razão, mas também a imaginação e os sentidos. Se quero levantar uma mão, digo-lhe que se mova e move-se, mas se o meu apetite sexual se sente atraído por algo ilícito, devo dizer-lhe alguma coisa mais do que simplesmente «pare», porque pode ser muito impetuoso.

Não faço o bem que quero – diz São Paulo –, *mas o mal que não quero.* [...] *Deleito-me na lei de Deus segundo o homem interior, mas sinto nos meus membros outra lei que luta contra a lei do meu espírito e me escraviza à lei do pecado que está nos meus membros. Pobre de mim!* (Rm 7, 19.23.24).

Portanto, é preciso encontrar o modo de convencer o apetite sexual a obedecer à razão e não aos sentidos ou à imaginação.

Domesticar os sentidos e dominar a imaginação

O apetite escuta os sentidos. É necessário, portanto, que sejamos cuidadosos com o que olhamos ou contemplamos. Ver filmes explicitamente pornográficos ou concentrar a atenção em pessoas do sexo oposto vestidas provocadoramente é um veneno quando se vem lutando por viver a castidade. Pior ainda é deixar-se levar pela curiosidade ao navegar pelas páginas web, pois a pornografia banaliza o sexo, apresentando-o como mera diversão e reduzindo a mulher (ou o homem) a um simples instrumento de prazer. Dificilmente se poderão evitar os pecados sexuais se se contemplam continuamente cenas sexualmente explícitas.

A imaginação é outro fator de perigo. Quando percebemos um pensamento impuro, tentemos substituí-lo por outro sadio, tal como um jogo de futebol[2], um pôr do sol maravilhoso, etc. Também podemos seguir o conselho de São João Vianney: fazer o sinal da Cruz para afastar a tentação, ou pronunciar repetidamente o nome de Jesus, como aconselhava Santa Catarina de Sena. Um pensamento impuro não consentido não é pecaminoso, mas passa a sê-lo no momento em que consentimos nele. Como nos advertiu o Senhor, podemos pecar tão gravemente com o coração como com o corpo.

Os valores da castidade

Alguns propõem que se exerça o controle sexual de um modo voluntarista: que se reprima o apelo do sexo com um

---

(2) Uma vez disse a um rapaz que veio confessar-se que, quando se visse tentado, pensasse em certa equipe de futebol. Infelizmente, era um mau ano para o seu time e respondeu-me: «Não posso fazer isso. É demasiado deprimente!»

«não» enérgico e despótico. Desse modo, como aponta João Paulo II em *Amor e responsabilidade*, o apetite sexual passa a refugiar-se no subconsciente, à espera da primeira ocasião de fraqueza para explodir num estalo de atividade sexual. É o que vemos em pessoas que se contêm durante várias semanas para depois caírem numa farra, e repetirem o ciclo uma vez e outra.

A inteligência deve lidar «politicamente» com o apetite, defendendo as vantagens da castidade sobre o prazer sexual sacrificado. A inteligência deve convencer-se de que, nos braços do sexo, jamais se conseguirá ser plenamente feliz. A razão deve trabalhar insistentemente para converter o coração à verdade. Não basta saber o que é bom e o que é mau. Para sobrevivermos castamente neste mundo, a nossa mente e o nosso coração devem estar completamente convencidos dos seus benefícios.

O primeiro desses benefícios é o dom mais valioso: a nossa relação pessoal de amor com Cristo. Violar livre e conscientemente a castidade destrói essa relação, fonte de felicidade e o único caminho de salvação. E destruí-la significa pagar um alto preço por uns breves momentos de prazer.

Quando se opta pela castidade, vive-se com a dignidade de quem se sabe imagem e semelhança de Deus. E assim se ganham forças para viver sob a razão, e não à mercê dos desejos e impulsos, como os animais.

Quem se abstém da atividade sexual manifesta a sua capacidade de valorizar a outra pessoa em toda a sua grandeza, e não como mero objeto de prazer. O sexo é um tesouro no armazém das virtudes. Além disso, abre caminho para muitos outros valores, ou pelo menos reforça-os; concretamente, como vimos atrás, reforça o amor de doação (*ágape*), a amizade e o carinho, que são os amores que mantêm unidos os casais e que, portanto, deveriam converter-se em hábitos durante o namoro. De tal modo que, ao chegar o momento do matrimônio e entrarem em jogo as relações sexuais, esses outros amores, mais fundamentais que o sexo, se convertam quase numa segunda natureza.

O excesso de álcool

O autocontrole deve desempenhar o papel de pai para o apetite sexual até que este adquira uma educação razoável e a pessoa passe a ter a cabeça e o coração unidos, de modo a poderem ir em busca dos mais nobres valores.

Um dos grandes destruidores desse autocontrole é o excesso de álcool. Muitas pessoas se envolvem em problemas terríveis por este motivo. Se você tem a esperança de viver a virtude da castidade, deveria propor-se nunca tomar mais que um copo. Eu fiz o propósito de não beber enquanto estivesse na universidade e isso trouxe-me um enorme benefício. Se você não tomou igual decisão, ao menos seja muito cuidadoso com o álcool e, evidentemente, com as drogas, que podem dar cabo da sua vida. Nenhum cristão verdadeiro brincaria com essas coisas sabendo que destroem o autocontrole, e o autocontrole é necessário para se conseguir a paz da castidade.

Pôr-se de acordo antes

No entanto, você não deve pensar somente em si. Num mundo supersexualizado, deve pensar na outra pessoa.

A primeira coisa é pensar como vai compartilhar o afeto durante o namoro. Já expusemos uma série de meios, mas a questão é como convencer o outro desde o princípio.

Vocês devem começar por pôr-se de acordo sobre o que se poderiam chamar as saídas amistosas. Ou seja, só saírem juntos uma vez por semana, mais ou menos durante três meses, sem que haja beijos. Um abraço limpo, sim, mas nem palavras ternas, nem máos dadas, nem anéis de compromisso. Se a pessoa aceita, será um bom começo. Talvez você não tenha ainda a garantia de que ele ou ela entende essa proposta prudente; ou veja que parece concordar no início, mas, uma vez iniciado o namoro, perde o freio. Por conseguinte, é preciso que você esclareça bem o que pretende.

Imaginemos um jovem e uma moça em que esta deseje manter um relacionamento casto no namoro. Se o rapaz se mostra desconcertado, deve expor-lhe amavelmente o seu critério: «Só manifestaremos o afeto entre nós mediante abraços. Os beijos, muito ternos, mas só na face. Nada de beijos como nos filmes».

Se ele hesita, pode sugerir-lhe: «Por que não pensa um pouco? Não há pressa». Se vê com toda a clareza que o rapaz não está de acordo, pode dizer-lhe educadamente: «Muito bem. Foi bom que tivéssemos esta conversa antes de começarmos. Agradou-me muito a sua amizade». Esta firmeza é absolutamente crucial: deve ser delicada, amável, mas firme. E se o rapaz se for embora, que vá. Ela ter-se-á salvado de uma prolongada luta pela sua castidade e talvez de um mau casamento. Se for ele quem faz a proposta de um namoro casto e ela quem reclama uma maior atividade física, quem deve cortar é ele.

Não é um pouco incômodo propor isto no começo do namoro? Sem dúvida, mas é preferível fazê-lo no princípio e não depois de um incidente infeliz. Eu recomendo encarecidamente que se ponham as coisas claras desde o início. Assim cada qual saberá exatamente a que ater-se.

Basta estar de acordo?

Geralmente, é o homem que se acomoda à ética da mulher, mas nem sempre. Em qualquer caso, não basta estar de acordo. Não é simplesmente por sair com um cristão praticante que se vive em estado de graça. É necessário crer no Evangelho e procurar viver como um seguidor de Cristo. Quem se julga virtuoso só porque definiu um programa de castidade vive num mundo de sonhos. Seguir Cristo significa trazer o Evangelho *por dentro*, e não apenas estabelecer determinadas restrições externas. Significa que se está diante de um desejo de Cristo e que é por Ele que se quer seguir esse caminho.

É possível mudar?

A resposta é categoricamente «sim». O demónio pode fazer-nos pensar: «Depois do que você fez, não poderá viver castamente; não seja hipócrita pretendendo que os outros vivam assim». Haverá melhor testemunho da tristeza de uma vida viciada em sexo do que o daquele que se libertou dessa escravidão e experimentou a liberdade dos filhos de Deus? A graça faz realmente de nós *uma nova criatura em Cristo* (2 Cor 5, 17). Portanto, a resposta a quem quer que nos faça essa pergunta é: – «Sim: você pode viver castamente, e também pode chegar a ser *santo*».

Pensemos em Santo Agostinho, que viveu durante quinze anos com a amante antes de pôr fim à «cruel escravidão da luxúria» e encontrar a paz e a felicidade no Senhor Jesus – e também a santidade! Houve outros como Santa Margarida de Cortona, como veremos, e São João de Deus. Alguns dos mais fervorosos defensores da castidade tinham sido no passado os seus maiores infratores.

A graça

Como já mencionamos, não se pode viver castamente sem a ajuda da graça, e de uma graça abundante. É por isso que numerosos jovens católicos solteiros vêm formando grupos com a finalidade de se ajudarem a viver a castidade e de conseguirem uma profunda vida espiritual. Muitos deles rezam diariamente o terço, assistem à Missa mesmo em dias de semana e leem livros de espiritualidade. Alguns fazem meia hora diária de oração diante do Santíssimo Sacramento. Não só são capazes de viver castamente, como descobriram a maravilha de cultivar uma íntima relação pessoal com Cristo. Aprenderam, como Santo Agostinho, que «os nossos corações estão inquietos enquanto não descansam nEle».

Sem transigências

Durante o namoro, é necessário manter o propósito de preservar a fidelidade a Deus. Os grandes naufrágios costumam iniciar-se por descuidos e transigências em pequenas coisas. É necessário perguntar-se sem parar: «Que faria Jesus? E Maria?» Se você tem vida de oração, verá como o aconselham.

Peça concretamente ao Senhor na sua oração que o ajude a viver uma vida casta. Peça-o depois de receber a Sagrada Comunhão, que é o momento de maior intimidade com o Senhor e o melhor meio de obter a sua ajuda. Como dizia Santa Teresa de Jesus, «depois de comungar, cuidemos de não perder tão boa oportunidade de negociar com Deus. A Divina Majestade não está acostumada a pagar mal a hospedagem, se encontra um bom acolhimento». E como diz o *Catecismo*, «os noivos são chamados a viver a castidade na continência. Nesse tempo de prova, hão de fazer uma descoberta do respeito mútuo, uma aprendizagem da fidelidade e da esperança de se receberem um ao outro das mãos de Deus...»[3]

---

(3) *Catecismo da Igreja Católica*, n. 2350.

Ideias práticas

Um dos obstáculos que dificultam uma vida casta é o tédio. Eu sempre animo as pessoas que me procuram em busca de direção espiritual a fazer alguma coisa que as distraia todas as semanas. É preciso procurar algum entretenimento: um esporte como o tênis, o vôlei, o futebol ou o basquete, velejar, jogar cartas, ler um livro apaixonante, ver um bom filme..., qualquer atividade interessante. A nossa mente tem necessidade de oxigenar-se. Sentir-se entediado na vida é converter-se no primeiro candidato à tentação e ao pecado.

Um homem entediado anda à busca de novos estímulos, e é muito provável que os encontre na armadilha da pornografia ou em outros vícios sexuais que conseguirão excitá-lo. O tédio causado por falta de entretenimento pode levar não só a atar-se ao vício do sexo, como também à depressão. E então a pessoa está tão deprimida que lhe falta energia para pensar num passatempo que a distraia. Cai num círculo vicioso. Como combatê-lo? Programando algumas distrações semanais limpas, boas, saudáveis e entretidas. A vida será muito mais equilibrada e não se precisará desesperadamente de um estímulo sexual ou de um amor destrutivo!

Em resumo

O primeiro passo para a castidade é educar o apetite e descobrir a verdade sobre a verdadeira sexualidade e a felicidade que comporta. Isto requer uma completa conversão do coração, e a convicção de que só temos a ganhar com isso, pois as vantagens são evidentes: é viver em estado de graça, sob a razão e não sob os instintos animais; é tratar a namorada como uma pessoa que merece amor; é construir durante o namoro amores de amizade, carinho e *ágape*, de modo que cheguem a ser hábitos à hora de casar-se. Uma vez que você mesmo esteja convencido, já pode convencer a sua namorada ou ela a você. Propor o programa de «só afeto» e mantê-lo com firmeza é fazer o que é reto e deixar que o mundo se reorganize depois da sua decisão. Não o lamentará.

Os casais que adotaram essa conduta acharam-na sumamente refrescante e lançaram os alicerces de um casamento saudável.

Como diz João Paulo II em *Amor e responsabilidade*, «a castidade é uma virtude difícil, que demanda tempo para ser adquirida; é preciso aguardar os seus frutos e a alegria de amar que ela deve trazer. Mas é a verdadeira via, a infalível, para essa alegria».

A castidade não é nada fácil na nossa sociedade supersexualizada, mas com a graça que nos chega através da Missa, dos sacramentos e da oração, é possível.

Lembre-se: o que procuramos não é a castidade em si mesma, mas o Reino. A castidade é muito importante, mas não é o mais importante. O mais importante é cultivar uma vida de oração, uma vida sacramental, uma vida de culto; em resumo, uma relação tão profunda de amor com Deus que nos facilitará viver castamente.

Uma chamada ao pudor

Uma proposta de castidade não pode dar resultado sem a virtude do pudor no vestir, tanto em homens como em mulheres. Também o homem deve ser modesto, embora não pensemos frequentemente nisso: sungas minúsculas, calças excessivamente justas, camisetas sem manga e abertas até a cintura não são próprias de um verdadeiro cristão. No entanto, como escreveu Santa Teresa de Jesus na sua autobiografia, «as mulheres têm a obrigação de ser mais modestas que os homens». Portanto, centrar-nos-emos especialmente no tema do pudor das mulheres.

Permitam-me que lhes conte uma história. Uma tarde, uma jovem da nossa associação católica de mulheres solteiras pensava no vestido que escolheria para assistir a um casamento. Telefonou ao pai a pedir-lhe a opinião. Ele disse-lhe: — «Bem, você tem pernas bonitas, por que não usa algo curto?»

Então ela usou «algo curto»... e quase provocou um terremoto. Não foi o seu momento mais feliz.

Depois daquilo, começamos a falar sobre o pudor e ela passou a vestir-se de forma mais recatada. Mais tarde, disse-me que tinha ido a uma festa e que o seu vestido discreto tinha chamado mais a atenção do que os das que vestiam roupas chamativas!

Como as mulheres olham mais para a pessoa no seu conjunto, costumam ser menos conscientes de como os homens as olham. João Paulo II ponderava em *Amor e responsabilidade*: «Como a sensualidade é geralmente mais forte e mais acentuada nos homens, e os faz considerar o "corpo como um objeto de prazer", parece que seria de esperar que o pudor, enquanto tendência a diminuir a atração sexual do corpo, fosse mais pronunciado nas moças e nas mulheres».

As mulheres costumam ser conscientes de que os homens se sentem fisicamente atraídos por elas, mas não costumam ter a mais remota ideia da intensidade dessa atração. Quando uma mulher vê um homem de boa aparência, pensa: «É bonito». Quando um homem vê uma mulher bem parecida, a sua reação é muito mais intensa.

Muitos homens jovens que acreditam na castidade, e se esforçam por vivê-la, nunca repararam na importância da modéstia nas mulheres. Alguns estão completamente possuídos pelo desejo de gozar do espetáculo de uma bela mulher de saia curta e apertada. Mas quando começam a pensar nas causas primordiais da luxúria, não demoram a reconhecer o efeito negativo que isso tem sobre eles. O pe. David Knight, em *Good News About Sex*, pensa que «seria uma propositada ingenuidade, nesta época de sofisticação psicológica, ignorar que determinado estímulo visual é objetiva e geralmente provocante para o apetite sexual de um jovem normal. Poderíamos fechar os olhos a essa realidade, mas os comerciantes não o fazem. E as fortunas que obtêm pondo em prática as suas ideias demonstram que sabem o que fazem... Quer as jovens e as mulheres da nossa cultura ignorem ou não o que se passa, quem perde são elas... Na medida em que um determinado estilo de vestir é consciente e deliberadamente provocante – por parte do estilista, da cliente ou de ambos –, esse modo de vestir deve ser considerado como uma violação ao contrário, pois estimula um desejo sexual em quem talvez não queira excitar-se. Cada vez que isso acontece aos homens (que são mais inclinados que as mulheres a esse tipo de excitação), sempre se provoca um certo mal-estar, reconheçam-no ou não...»

Por outro lado, como recorda o *Catecismo*,

«o pudor preserva a intimidade da pessoa. Designa a recusa de mostrar o que deve ficar oculto. Ordena-se para a castidade, cuja delicadeza proclama. Orienta os olhares e os gestos em conformidade com a dignidade das pessoas e os sentimentos que as unem.

«O pudor protege o mistério da pessoa e do seu amor [..] Exige que se cumpram as, condições do dom e do compromisso definitivo do homem e da mulher entre si. O pudor é modéstia; inspira a escolha do vestuário...»[1]

O que é o impudico hoje em dia?

Quais os elementos mais difundidos da moda atual que provocam mais reações nos homens? O mais comum é a saia curta. Presenciei muitas vezes o desconcerto de homens piedosos quando reparavam na pouquíssima roupa que vestem algumas mulheres ao irem à igreja para assistir à Missa num dia de semana ou para fazer um tempo de oração. Achavam absolutamente contraditórios o vestuário dessas mulheres e as suas práticas de piedade. Eu estava de acordo com eles.

Sempre me espanta o número de mulheres piedosas que não relacionam o religioso com a roupa. Os vestidos ou as saias acima dos joelhos afetam sexualmente os homens, pelo menos levemente, mas talvez ainda mais psicologicamente. Quer dizer, afetam a sua opinião sobre a totalidade dessas mulheres. Às vezes, as mulheres surpreendem-se ao saberem como os homens reagem diante de umbigos expostos, seios

---

(1) *Catecismo da Igreja Católica*, nn. 2521 e 2522.

seminus, vestidos apertados, «penteados sexy» ou peças de banho indecentes.

Numa palestra que dei sobre o pudor, uma moça (depois soube que era californiana) replicou:

– «O senhor quer dizer que não devemos vestir determinados biquínis na praia?»

– «Sim, é isso o que quero dizer».

– «Não é um exagero, não?»

– «Grande. Tão exagerado como o próprio Evangelho».

Vários meses depois, soube que essa moça passara a ir à praia de maiô. Tinha começado a converter-se! Quatro anos depois, entrou numa ordem carmelita contemplativa. Isso, agora no melhor sentido, é que foi, sim, um *exagero*!

Que mulher quer ser lembrada pelas suas pernas? Ou pelo seu umbigo? Não preferiria ser lembrada pela sua afabilidade, personalidade, decência, bondade ou piedade? Se uma mulher ressalta exageradamente os seus encantos físicos, certamente apagará outros, mais pessoais, mais importantes e mais duradouros.

Que deve fazer uma garota?

– «Se o meu modo de vestir excita os homens, o problema é deles, não meu. Eles que o resolvam». Isto é falso por várias razões. Em primeiro lugar, não é cristão. A cristandade é uma comunidade ativa. São Paulo ensina: *Ajudai-vos mutuamente a carregar os vossos fardos, e deste modo cumprireis a lei de Cristo* (Gl 6, 2). Salvamo-nos em comunidade, não como indivíduos. Em segundo lugar, o problema não é só dos homens. A mulher que se veste indecorosamente cria para si os seus próprios problemas.

Quando se diz isto, há mulheres que se sentem ofendidas. Dizem: «Já vai repetir a mesma coisa de sempre, que "são as mulheres que têm a culpa" da agressividade dos homens».

Não é assim. Nem toda a culpa é das mulheres, mas elas têm uma *certa* responsabilidade pelo modo como os homens reagem, embora isso não justifique a má conduta deles. Por conseguinte, não podem queixar-se de que todos os homens são uns «animais», uns desequilibrados que correm para elas açodados. Os homens decentes costumam fugir, mas a mulher que se veste inadequadamente vende-se barato; os seus melhores ativos são os sexuais.

Uma mulher que viva em estado de graça tem um halo que excede de longe qualquer critério da moda. Às vezes, as mulheres cristãs subestimam a sua beleza interior, talvez devido à poderosa influência dos estilistas de moda, que põem exagerada ênfase no exterior e assim vão ganhando a vida. Como diz a Sagrada Escritura, que *o vosso adorno não seja o que aparece externamente: cabelos trançados, jóias de ouro, vestidos elegantes; mas tende aquele ornato interior e oculto do coração, a pureza incorruptível de um espírito suave e pacífico, coisa que é tão preciosa aos olhos de Deus* (1 Pe 3, 3-4). Por outras palavras, as mulheres devem ser atraentes pela sua santidade, não pelos seus vestidos exagerados ou indecorosos, nem pelas suas jóias. Afinal de contas, não há nada mais atraente que a santidade.

As mulheres devem perguntar-se: «A quem estou procurando agradar? A Deus ou ao mundo?» Diz São Tiago: *O amor do mundo é abominado por Deus* (Tg 4, 4). Pensemos no modo como se vestiria hoje a Mãe de Jesus, se fosse uma solteira de 25 anos. Especulando, seria um exemplo daquilo que São Francisco de Sales desejava: «Eu, por minha parte, teria um grupo de gente piedosa, homens ou mulheres sempre adequadamente vestidos, mas sem ostentação nem extravagâncias. Como diz o provérbio, gostaria que elas estivessem "adornadas com graça, decência e dignidade"».

Há quem afirme que os tempos mudaram e que os estilos são muito mais chamativos do que há sessenta anos, que as modas que hoje chamamos impudicas parecerão comuns dentro de uma ou duas gerações. Talvez seja, mas geralmente os que estão comprometidos com o Senhor não estão na vanguarda das modas que deixam o corpo descoberto.

– «Mas no verão faz muito calor...» Pode ser que faça calor, mas há roupas decentes que permitem aliviá-lo. Além disso, o que é mais importante: estar mais à vontade ou contribuir para criar um mundo mais educado, mais respeitoso para com a dignidade de todos, e mais respeitoso portanto para com a lei de Deus?

A força do pudor

Uma mulher que se vista modestamente não contentará o seu meio ou os estilistas, mas sabe o que quer – decência – e consegue-o. Procurará ser elegante e vestir-se de acordo com a moda, mas sem estridências que desviem para ela os olhares. Pertencerá ao tipo de mulheres que controlam a sua vida social e estão menos expostas ao assédio sexual.

Evidentemente, as jovens devem receber em casa os critérios sobre o modo de vestir-se com todo o decoro, mas infelizmente nem todas prestam ouvidos. Feliz a moça que tenha um pai e uma mãe dispostos a travar essa batalha.

Por que tantas mulheres se vestem impudicamente? Por muitas razões. Algumas sentem uma certa excitação vestindo roupas justas ou decotadas; outras deixam-se influir pela moda; outras só desejam chamar a atenção dos homens e veem nisso um modo de consegui-lo.

O argumento da moda é débil, dados os ecléticos estilos atuais. Por sua vez, a excitação pessoal não encontra eco no modo de pensar de uma mulher cristã, se verdadeiramente deseja permanecer em intimidade com Deus. Por fim, é verdade que, ao vestir-se de um modo provocante, a mulher adquire um certo poder de atrair os olhares, mas é um poder muito caro. Há homens que se deixam atrair poderosamente por uma roupa indecorosa. Mas que perfil é o desses homens? Costumam pretender um encontro sexual, sem a menor vontade de casar-se, pelo menos com a mulher sexy. Nunca lhes passará pela cabeça um pensamento como este: «Que personalidade tem essa garota!», ou: «Será uma esposa perfeita!» Ao contrário, dirão de si para si: «Aposto que é mais uma!»

O perigo da beleza

Apesar de a beleza ser um bem em si mesmo, é também uma chamada ao pudor, porque uma mulher muito atraente receberá numerosos convites para comportar-se mal.

Quando um homem sai com uma mulher realmente bonita, em geral fica fascinado pelo seu aspecto. Ainda que pense que não é a pessoa com a qual se casaria, deixa passar um bom tempo, às vezes anos, até concluir e confessar que esse namoro não pode dar certo.

Como é então que uma mulher excepcionalmente atraente deve proteger-se?[2] Não se apegando à atenção que provoca e mantendo o olhar fixo no que realmente importa: que a sua fé prevaleça. Lembremo-nos de que Deus não criou a beleza feminina para que as mulheres fossem frívolas e narcisistas. A mulher atraente que procure realçar a sua beleza atrairá demasiada atenção para si mesma. Se deseja atrair um homem virtuoso, deve mostrar-se comedida na sua maquiagem, no penteado, na escolha das jóias e no estilo da roupa. Para qualquer mulher, independentemente da sua beleza natural, a meta deveria ser parecer elegante, não chamativa.

---

(2) Este pode não ser um tema politicamente correto na nossa cultura, mas um sacerdote não pode deixar de abordá-lo com todos, especialmente com os que põem em risco a sua salvação.

A mulher que goza de uma beleza discreta, feminina, encontrará o tipo adequado de homem cristão muito mais facilmente do que aquela que tenta chamar a atenção.

É cada vez mais imprescindível uma certa revolução cultural no que se refere às roupas das mulheres. Os homens deveriam mobilizar-se e assumir uma espécie de liderança na renovação moral da nossa cultura, mas também as mulheres têm que participar desse objetivo.

Os homens opõem-se ao impudor feminino

Que deve fazer um homem para evitar a influência negativa de uma mulher vestida indecorosamente? Alguns abaixam discretamente a cabeça, outros olham para outro lado, mas isso pode não ser fácil. A melhor solução seria olhar a mulher nos olhos e, ao fazê-lo, pensar que se trata de uma pessoa, de uma filha de Deus, e logo a seguir desviar o olhar. Poderia também rezar uma curta oração pedindo que essa mulher mude de aparência e perceba a sua dignidade de pessoa criada à imagem de Deus.

Se aparece vestida de modo provocante já na primeira saída, você terá que descobrir se é católica ou ao menos cristã. E então poderá discutir com ela as suas ideias sobre o namoro, a castidade e o pudor. Dê-lhe tempo para refletir. Se não se decide a compartilhar o seu critério sobre a castidade, chegou o momento de dizer adeus.

E se vocês continuam a sair durante algum tempo e ela é uma cristã determinada a viver a castidade, mas de repente aparece vestida de um modo provocante? Poderia dizer-lhe alguma coisa como: «Você está maravilhosa com esse vestido, mas não me é fácil viver a castidade quando a vejo com essa roupa». Se a moça tem uma ponta de senso comum, captará a mensagem e mudará. Se não o faz, você terá que dizer-lhe diretamente: «Esse vestido é demasiado sexy para mim. Por favor, pode vestir alguma roupa menos provocante?»

E se você tem uma amiga católica, com quem não sai, mas que aparece vestida de um modo desonesto? Pois bem, por amor de Deus e para bem dela, poderá dizer-lhe: «Uma moça tão bonita como você não tem necessidade de vestir-se assim. Você tem para oferecer muito mais do que o atrativo sexual».

Se parece admirar-se, acrescente: «Bem, vestida desse jeito, nenhum rapaz conseguirá descobrir a sua personalidade». Prepare-se para um olhar glacial ou talvez para uma bofetada. Ofereça-o ao Senhor em reparação pelos pecados.

Vale a pena dizer o que se pensa? Sim, se existe alguma esperança de melhora. Na sua maioria, as mulheres cristãs desejam mudar, ainda que a sua primeira reação possa ser bastante fria. Com frequência basta ajudar a pensar, coisa que não se faz porque o tema parece alheio ao nosso mundo.

Em resumo

Poucos parecem dispostos a ouvir falar de pudor. A melhor maneira de que escutem é com o exemplo, especialmente com o exemplo de outras mulheres que tenham a prudência e a capacidade de escolher o traje apropriado para cada lugar e ocasião. É um cuidado que se baseia no amor e na caridade. Se formos pacientes e perseverantes, poderemos convencer os outros das suas vantagens. Uma vez que os tenhamos convencido, eles convencerão o mundo com a sua alegria.

O modelo bíblico de namoro

O modelo bíblico de namoro não só existe, mas conta com o apoio dos nossos psicólogos modernos e vai adquirindo nova atualidade. Cria uma base magnífica para um casamento feliz.

Pensemos, em primeiro lugar, no episódio de Jacó e Raquel no Antigo Testamento. Jacó trabalhou catorze anos seguidos com o pai de Raquel, Labão, para que este lhe desse a filha em casamento. Saul ofereceu a Davi a mão de Micol se matasse cem filisteus, e Davi voltou com as provas e reclamou a mão da noiva. Você imagina Raquel trabalhando catorze anos para conseguir a mão de Jacó? Ou Micol levando a cabo grandes façanhas para conseguir Davi?

A mulher de fé deve compreender que ela é um *grande prêmio*. Em Provérbios 31, 10 e seguintes, lemos:

Uma mulher virtuosa, quem poderá encontrá-la?
Superior ao das pérolas é o seu valor.
Confia nela o coração do seu marido,
e jamais lhe faltará coisa alguma.
Ela proporciona-lhe o bem, nunca o mal,
em todos os dias da sua vida [...].
Estende os braços ao infeliz
e abre a mão ao indigente.
Seu marido é olhado com respeito nas portas da cidade,
quando se senta com os anciãos da terra [...].

*Está revestida de graça e fortaleza,
ri-se do dia de amanhã.
Abre a boca com sabedoria,
da sua língua brota a lei da bondade.
Vigia o andamento da sua casa
e não come o pão da ociosidade.
Os seus filhos levantam-se para proclamá-la
       bem-aventurada
e o seu marido para elogiá-la.
«Muitas mulheres realizaram proezas,
mas tu ultrapassas todas elas».
A graça é falaz e a beleza é vã;
a mulher que teme a Deus, essa é que deve ser louvada.
Dai-lhe o fruto de suas mãos
e que as suas obras a louvem nas portas da cidade.*

 No Livro do Eclesiástico encontramos: *Não repudies a mulher sensata e virtuosa que te foi concedida no temor do Senhor; pois a graça da sua modéstia vale mais do que o ouro* (7, 21); *Uma mulher bondosa é um grande tesouro; pelas suas boas ações, será dada aos que temem o Senhor* (26, 3). E em Provérbios 12, 4, lemos: *Uma mulher virtuosa é a coroa do seu marido.*
 Isto não quer dizer que um bom marido não seja também um prêmio, mas a Sagrada Escritura fala da boa esposa – e não do bom marido – como um prêmio para sublinhar o seu papel na vida do lar e no namoro. A questão é que o homem está destinado a perseguir a mulher, como um atleta persegue a vitória, uma vitória que deve alcançar após várias tentativas. Esta busca ativa por parte do homem dá lugar a um modelo sadio que se transmitirá à vida conjugal e a manterá saudável. Vemos isto continuamente na mitologia: o herói sai, mata o dragão e obtém a mão da formosa donzela[1].

---

(1) O psicólogo Carl Jung, entre outros, foi um grande defensor da importância da mitologia para compreender a alma humana.

O que tem a Sagrada Escritura a dizer sobre os maridos? Não diz que são o prêmio, mas que devem amar as suas esposas: *Maridos, amai as vossas mulheres como Cristo amou a Igreja e se entregou por ela... Os maridos devem amar as suas esposas como ao seu próprio corpo...* (Ef 5, 25.28). *Maridos, amai as vossas mulheres e não as trateis com aspereza* (Cl 3, 19). É só em Tito 2, 4 que a Sagrada Escritura pede que as mulheres amem os seus maridos, no contexto de uma exortação às anciãs para que sejam sensatas e ensinem as mulheres jovens *a amar os seus maridos e a querer bem aos seus filhos.*

Por que a Sagrada Escritura anima apenas os maridos a amar as suas esposas? Imagino que é porque os homens devem ser os iniciadores do amor, do amor divino (*ágape*) na vida do casal. Pela minha experiência, parece-me que as mulheres que são amadas pelos seus maridos com absoluta generosidade têm poucos problemas para amar os seus maridos. Deste modo, a mulher é o prêmio a ser alcançado e o homem aquele que o alcança com o seu amor.

As gerações passadas podiam achar evidente tudo isto, mas não o é para as gerações mais jovens. Nos nossos dias, as garotas começam a atrair e a perseguir os rapazes na escola secundária, e continuam a fazê-lo na faculdade e depois. Não estamos diante de uma boa notícia para as mulheres. Será que a Sagrada Escritura está condicionada pelo tempo? Poderia ser, mas acontece que a psicologia confirma claramente essa realidade.

Marcianos e venusianos

No seu best-seller *Homens são de Marte, mulheres são de Vênus*[2], o psicólogo John Gray diz que os homens tendem a

---

(2) Tradução brasileira: John Gray, *Homens são de Marte, mulheres são de Vênus*, Rocco, Rio de Janeiro, 1997, 304 págs.

valorizar «o poder, a competência, a eficácia e o êxito. Sempre andam fazendo coisas para dar a si mesmos provas da sua capacidade e demonstrar o seu poder». Têm objetivos fixos. As mulheres, porém, pensam «no amor, na comunicação, na beleza e nas relações...» e em «ajudar e alimentar».

Além disso, quando um homem se sente atraído por uma mulher, costuma isolar-se um certo tempo, para experimentar a sua individualidade e a sua autonomia antes de tomar decisões. Precisa de um «certo espaço». Isto, segundo esse autor, é perfeitamente normal e não deve ser motivo de alarme. Não é o momento adequado – diz ele – para que a mulher estique a corda. Tem que dar ao homem o seu espaço e aguardá-lo fora. Depois, ao cabo de pouco tempo, o homem poderá dar esse salto gozosamente. Gray chama a isto a «teoria do elástico».

Se o homem procura a mulher e esta lho permite, a coisa pode dar certo. Ele retrocede, e ela espera que decida. Se acontece ao contrário, ele sairá em disparada. O livro de Gray fez muitos reagirem. Esteve na lista dos *best-sellers* durante vários anos. E deixava patente que o papel do homem é o de perseguir e o da mulher o de ser perseguida.

As regras

Outro livro que confirma a teoria do «prêmio» é *As regras do casamento*, de Ellen Fein e Sherrie Schnaider[3]. Não está tão bem argumentado como o anterior, mas expõe alguns pontos interessantes. As autoras afirmam, com certa extravagância, que as mulheres devem deixar que os homens as persigam e insistem também em que sejam tratadas corretamente.

---

(3) Tradução brasileira: Ellie Fein e Sherrie Schneider, *As regras do casamento*, Rocco, Rio de Janeiro, 2005, 192 págs.

Estas são algumas das suas «regras»:

— «Seja uma "criatura sem igual"... Não ceda. Não persiga ninguém. Não se sirva do sexo para conquistar um homem». Por outras palavras, você é o prêmio. Isto é especialmente certo se você é uma cristã praticante.

— «Não se dirija "de cara" a um homem» (e não lhe peça que dance consigo).

— «Não combine encontrar-se com ele a meio do caminho nem rache a conta. Todo aquele que pede um encontro a uma mulher deve ir procurá-la em casa e além disso pagar a conta. Se ela lhe facilita demasiado as coisas, ele perderá o interesse».

— «Não aceite um encontro para o sábado à noite depois da quarta-feira». Tenha os seus planos do fim de semana preparados na quinta pela manhã, e mantenha-os. Seja amável, mas firme.

— «Deixe-o tomar a iniciativa».

Estas são algumas dessas «melhores» regras. Infelizmente, não falam de uma das «ainda melhores» para um namoro feliz: «Sem sexo, sem prazos».

Embora por vezes essas autoras exagerem os argumentos, a tese fundamental é acertada, ou seja, que as mulheres devem permitir que o homem as persiga e elas têm de insistir num relacionamento correto. Ao exporem umas normas de respeito no namoro, as mulheres não lançam mão de um truque para conquistar um homem, mas assentam as bases de uma relação sadia e duradoura no futuro matrimônio. As mesmas autoras comentam que as suas avós sabiam muito bem de tudo isto. Infelizmente, não é o caso da mulher atual.

Se essas regras se empregam para manipular o homem, quer dizer, para conseguir que ele faça o que não quer, esqueça-as: não impediriam um casamento infeliz. Mas se se empregam como ajuda para que o homem valorize a mulher – como deseja a maioria dos homens bons –, então são válidas.

Recordemos também: não se trata de a mulher *fazer-se de rogada*, mas de fazer ver que é difícil conquistá-la. Se você se comporta como uma mulher religiosa e boa, coerente, não deve conformar-se com ser tratada num nível medíocre. Você é um prêmio, e deve comportar-se como tal.

Ainda que alguns pensem que, com esses «papéis convencionais», as mulheres passam a depender da iniciativa do homem, não é o que sucede na realidade. Paradoxalmente, a mulher que deixa que o homem a persiga (isso não é poder, mas *trabalho*!) manifesta mais igualdade do que se é ela quem o persegue. Nós, os cristãos, acreditamos na igual dignidade da pessoa, não na igualdade de intercâmbio de papéis tão apregoada hoje em dia. Precisamente através desses papéis mal chamados «antiquados», as naturezas do homem e da mulher realizam-se plenamente e salvaguarda-se o respeito mútuo.

O namoro sem sexo fortalece o respeito

Negar-se ao sexo pré-matrimonial é outra vantagem para a mulher. Uma garota deixou de dormir com o namorado e ele continuou a tratá-la mal. Ela começou a afastar-se dele, a ponto de sair com outros: negou-se a suportar as grosserias. Por fim, ele mudou (muito poucos o fazem) e passou a tratá-la como rainha. Ambos se beneficiaram. Ela conseguiu um marido civilizado e ele uma esposa a quem podia respeitar.

Há mulheres que, por medo de perder o companheiro, temem exigir-lhe esse respeito e negar-se a ter relações sexuais com ele. Mas, na realidade, não têm nada a perder. Se a mulher se mostra firme, o homem ou mudará de conduta e tratá-la-á com respeito, ou se negará a fazê-lo e deixá-la-á. Em qualquer caso, é ela quem ganha. Se cede, perde em ambos os sentidos. Ficará com um homem que acabará por tratá-la com tão pouco respeito que o perderá.

O homem que maltrata a mulher arruína as coisas para ambos. Ela perde o respeito e a confiança em si mesma. Ele olhará com indiferença a tímida esposa que criou e sentir-se-á desgraçado. Feliz o homem que trata a esposa como rainha. Ela o tratará como rei.

Estou convencido de que um propósito-chave do namoro é que o homem aprenda a ser civilizado e respeitoso, assim como a valorizar o carinho sem sexo, e que a mulher aprenda a disciplinar o seu amor. Os homens devem descobrir a arte de amar na sua dimensão espiritual e afetiva, mas não sexual. As mulheres devem fazer com que a razão modere os seus sentimentos, sem perder a serenidade, permitindo que o homem as procure e se comprometa.

Respeito e autoconfiança

O declínio do respeito às mulheres tem as suas raízes na revolução sexual, mas infelizmente todos respiramos ainda o ar desse triste fenômeno. Mesmo os que vivem castamente têm que lidar com o problema da falta de respeito.

Como pode uma mulher pedir respeito sem converter-se em uma chata? Em poucas palavras, quando um homem a trata desrespeitosamente, não deve perder os nervos, mas retroceder um pouco e dizer: «Temos que conversar». Depois, explica-lhe o motivo da sua infelicidade. Se ele não se corrige depois de várias advertências, ela deve dizer-lhe: «Isto não está funcionando bem. Creio que deveríamos sair com outras pessoas». E, logicamente, deve estar disposta a manter a sua palavra.

Em resumo

A Bíblia mostra-nos qual é o papel do homem e da mulher durante o namoro: o homem «persegue» a mulher e esta é o «prêmio». Assim o confirmam a experiência e a psicologia moderna. Negando-se a praticar o sexo pré-matrimonial, uma mulher merecerá mais respeito do namorado, um respeito que se conservará depois que se casem. Se a mulher deseja garantir um matrimônio feliz, deve exigir já durante o namoro um trato respeitoso, mesmo sem sexo. Se não é atendida, não tem nada a perder, a não ser um mau namorado ou, o que é pior, um marido desastroso.

As mulheres desempenharam o papel principal na revolução sexual. Chegou o momento de reivindicarem a sua dignidade e o respeito a que têm todo o direito durante o namoro e, mais tarde, na vida conjugal.

Estratégias no namoro cristão

Você já se perguntou onde nasceu o modelo atual do namoro? Em Hollywood e na televisão. Considerando a estreitíssima margem de êxitos matrimoniais entre as pessoas ativas nessas indústrias, não acredito que valha a pena seguir-lhes o exemplo.

Atualmente, os filmes e a televisão exercem demasiada pressão sobre os rapazes e as moças quando começam a encontrar-se para namorar. Daí resulta que marcam encontros excessivamente «pegajosos». Com efeito, já a partir da segunda ou terceira vez se comprometem a sair um com o outro exclusivamente. Seria preferível que, por algum tempo e apenas como amigos, os dois se ocupassem juntos em diversas atividades, sem a pressão que a exclusividade geralmente traz consigo. Isto significa que vocês se encontram, que se dedicam juntos a algumas coisas, mas são livres para sair com outros[1], se assim o desejam.

---

(1) Há pessoas que se sentem horrorizadas ante a perspectiva de sair com outros depois de se relacionarem com alguém. Parece-lhes uma «traição». Mas isso é parte do modelo atual, que consiste em lançar-se a um namoro excessivamente intenso e exclusivo desde o primeiro momento. Há cinquenta anos, não era assim. Durante algum tempo, saía-se com várias pessoas diferentes, até que se decidia formalizar o namoro com alguma delas. É um critério muito mais razoável.

Se a amizade se faz mais profunda, podem combinar não saírem com outros e conversarem por telefone várias vezes por semana. Mas, mesmo nesse caso, o nível do relacionamento ainda é o da amizade, não do namoro.

E se em um dos dois surgem fortes sentimentos amorosos? É esplêndido que aconteça, mas antes de se chegar ao namoro, não se deve permitir que esses sentimentos assumam o comando e determinem o comportamento. É muito conveniente exprimi-los com uma atitude de simpatia e consideração, mas não com palavras e menos ainda com beijos.

Ocasionalmente, a mulher deve explicar ao homem os seus desejos durante esse período de amizade. Uma jovem esclareceu ao seu acompanhante: – «Gostaria que começássemos devagar o nosso relacionamento e que saíssemos somente como amigos durante alguns meses, sem nenhum tipo de beijos. Espero que você esteja de acordo». Ele concordou. Passaram um bom tempo assim e mais tarde ele lhe agradeceu sinceramente a sua insistência naquela proposta.

O critério de «primeiro, amizade» tem consequências absolutamente positivas. Quando eu era jovem, pretendia conseguir um beijo de despedida logo após as três primeiras saídas e, com o passar do tempo, após a segunda, e depois já na primeira. As saídas amistosas não são um cronômetro para se obter o primeiro beijo, nem implicam um compromisso de exclusividade ao terceiro ou quarto encontro. São um modo maravilhoso e amável de plantar a semente de um namoro casto.

Um dos elementos-chave da verdadeira «qualidade de vida», da qualidade humana e cristã, consiste em viver sob o domínio da razão. Cada vez são mais numerosos os jovens que se indagam sobre mudanças importantes: «Não seria melhor a minha vida espiritual e mais simples a minha vida como estudante de medicina, se me limitasse durante algum tempo a manter uma boa amizade, sem atirar-me a uma relação intensa, quando ainda faltam vários anos para que possa casar-me?» Sem dúvida. É uma delícia, ainda que limitada, cultivar uma profunda amizade com uma pessoa do sexo oposto. É uma felicidade ter alguém com quem falar da vida própria com a certeza de que, por haver uma confiança mútua, não se vai sofrer uma decepção. São cada vez mais numerosos os jovens que dão valor a essa maravilhosa distância que permite ir devagar e ter tempo para aprender a amar.

Como passar da amizade para o namoro? O homem pode dizer à mulher: – «Bem, temos sido amigos durante estes dois meses. Estaria disposta agora a iniciar um namoro?» Se ela lhe pergunta pelo significado dessas palavras, a resposta poderia ser: – «Você permitiria que continuássemos esta relação com a perspectiva de um futuro casamento, desde que as coisas corram bem?» Ela pode dizer: – «Muito bem», ou, se não está preparada: – «Podíamos continuar como até agora durante mais um mês, e depois decidir». (Sempre é possível que diga: – «Não, não estou interessada». Se for este o caso, o homem deve deixá-la ir).

Se, passados três meses, ela continua a não saber o que quer, não se deve iniciar o namoro. Há casos em que as mulheres passam muito tempo, até anos, até decidir que amam um homem. Quando uma mulher diz que precisa de muito mais tempo, ele deve ter em conta a idade dela e a sua própria preparação para o casamento, e procurar na oração o conselho do Senhor.

O que acontece quando *ela* está disposta ao namoro e ele não dá o passo? Se, como dissemos anteriormente, é o homem que deve tomar a iniciativa, é preciso deixar que o faça: ele deve ser o primeiro a propor a mudança. Mas se ela acha que passou demasiado tempo depois dos três meses, pode dizer-lhe o que pensa; por exemplo: – «Como você vê, a nossa relação leva a alguma coisa mais que uma amizade». Pode ser que ele não concorde, mas, apesar desse risco, acho que é a melhor coisa a fazer. Se você o vê vacilar, pode tentar uma saída mais sutil.

Uma moça disse-me que vinha saindo com um rapaz havia três meses, mas que não estava segura das suas intenções. Perguntou-me se devia contar-lhe quanto se interessava por ele.

– «De maneira nenhuma – respondi-lhe –. Deve ser ele quem comece a falar».

– «Então que hei de fazer? Temos saído durante três meses e nunca me pediu um beijo».

– «Da próxima vez que saírem, quando ele a deixar em casa, apoie-se na porta e diga-lhe: "Se quiser, pode dar-me um beijo"».

Ao cabo de um ano, soube que se tinham casado. Espero que tudo esteja a correr bem.

Que acontece se, passados três meses, ele não se mostra interessado no namoro? Esqueça-o. Geralmente, os homens sabem dos seus interesses muito antes dos três meses.

E se ela lhe propõe o namoro e ele aceita, mas não dá nenhum passo nesse sentido? Ela pode dizer-lhe: – «Não tenho muita certeza de que seja bom continuar a sair com você». Se ele lhe pergunta por quê, pode responder-lhe: – «Não acho que você esteja preparado para um namoro». Se ele responde que procura ir mais devagar, ela pode dizer-lhe simples e diretamente: – «Não fico feliz de continuar o nosso relacionamento neste nível».

Isto pode parecer um pouco forte numa mulher cristã, mas é a atitude certa. Ao dizer claramente que deseja terminar a relação, não manipula o amigo. Se ele pretende passar para uma relação mais séria, chegou o momento. Se não é assim, o momento é de separar-se.

Você está preparado para o namoro?

É um fenómeno frequente sair «a sério», mas sem nenhuma intenção de chegar a um «casamento sério». Isto costuma acontecer entre os adolescentes, mas também entre os adultos jovens. Joshua Harris vendeu milhares de exemplares do seu livro *I Kissed Dating Goodbye*[2], porque propunha questões controversas. «Se homem e mulher não podem chegar a um compromisso mutuo – propõe Harris –, não têm o direito de continuar o seu romance».

Há algum tempo, Connie Marshner escreveu um artigo[3] em que sustentava que os hábitos de saídas dos nossos adolescentes são uma preparação perfeita para o divórcio, não para o casamento. Quando os jovens estabelecem uma relação íntima sem a menor probabilidade de virem a casar-se, criam problemas para si mesmos. Primeiro, o problema das tentações contra a castidade. Aparece o desejo de ligar-se a essa pessoa, de estar ao lado dela e, infelizmente, de obter dessa relação todo o prazer possível, a exemplo dos adultos. Ainda que não desejem ter relações sexuais, sentir-se-ão impelidos a fazê-lo por força dos seus sentimentos e da proximidade. Outro problema é a montanha russa emocional pela qual têm de passar. Marshner descreve-a como «intimidade constante e sofrimento». Isto, diz a autora, é um «modelo que pavimenta o caminho para o divórcio».

É claro que Harris e Marshner se referem a gente mais nova, mas pode suceder algo de parecido quando os adultos jovens não estão realmente preparados para o casamento. Tomemos, por exemplo, o caso de um jovem que começa

---

(2) Joshua Harris, *I Kissed Dating Goodbye*, Multnomah Books, Colorado Springs, Colorado, 2003, 238 págs.
(3) Connie Marshner, «Contemporary Dating as Serial Monogamy», págs. 18-25.

o curso universitário de direito ou de medicina. Ora bem, deverá esse jovem, que logicamente não deseja casar-se senão daí a cinco ou seis anos, deverá ele sair muito frequentemente com uma moça, como se estivesse em condições de casar-se? Sugiro que considere se a vida de ambos não será muito mais agradável se se encontrarem como amigos, até como amigos especiais, mais do que como namorados.

Há quem diga: «Mas se já tenho trinta e cinco anos! Não posso desperdiçar três meses só como amigos. Temos de apressar-nos». Não são poucos os que tiveram que lamentar semelhante atitude. Outros dirão: «A minha tia Margarida teve um namoro brevíssimo – seis meses – e o seu casamento foi magnífico». Não duvido, mas para cada tia Margarida há cem ou vinte tias Irenes que tiveram casamentos terríveis por terem precipitado as coisas.

A precipitação é um dos motivos mais comuns dos fracassos matrimoniais e dos divórcios. Em meados dos anos 80, pesquisadores da Kansas State University estudaram a relação entre os casais que tinham dado certo e o tempo de namoro. Quais foram os resultados? «Os casais que se tinham relacionado durante mais de dois anos mostravam-se sistematicamente bem sucedidos na vida matrimonial, ao passo que os que se tinham dado durante um período mais breve apresentavam uma escala de situações que variavam muito entre o nível satisfatório e o muito insatisfatório»[4]. Baseando-me nisto e no que vi, eu recomendaria ao menos dois anos de namoro antes do casamento.

As pessoas recorrem a todo o tipo de desculpas para abreviar o namoro. Desejam ganhar tempo para ter um certo número de filhos; a avó veio visitar-nos e quer assistir ao nosso

---

(4) Kelly Grover, «Mate Selection Processes and Marital Satisfaction», *Family Relations*, vol. 34, 1985, págs. 383-386. Também figura em Neil Clark Warren, *Finding The Love of Your Life*, pág. 9.

casamento; já somos mais velhos; sabemos o que queremos. Lembre-se: o amor é a forma da vida matrimonial. Tudo procede daí. Se, por precipitar as coisas, você faz uma má escolha, será infeliz. Quer correr esse risco?

Em torno dos trinta anos, muitas mulheres ficam ansiosas por casar-se quanto antes. Uma das nossas paroquianas, alegre e piedosa, tinha trinta e oito anos quando um jovem lhe conquistou o coração. Parecia um bom católico e um bom homem. Tinham-se conhecido em fevereiro e casaram-se em setembro. Em setembro do ano seguinte, ele entrou com um processo de divórcio. Pense bem: o que é um ano ou mesmo dois, se depois se vai ter uma vida em comum que durará quarenta, cinquenta ou até sessenta anos?

Outra coisa a ter presente é que não se deve dar muito peso ao relógio biológico! Uma mulher casou-se aos quarenta anos e teve três filhos. Não é o normal, mas Deus tem um plano para você, e se você fizer as coisas segundo esse plano, Ele o levará a bom termo.

Um casal procurou-me em abril e disse-me que queria marcar o casamento para setembro. Vinham saindo havia apenas uns meses, e eu não concordei. Perguntei à moça o motivo da pressa e ela disse-me: «Bem, tive má sorte com os namoros prolongados». O que queria dizer era que se tinha dado com um rapaz durante cinco anos sem que ele se dispusesse a comprometer-se, e agora não queria que lhe acontecesse o mesmo. Além disso, tinha trinta e três anos. Estava com os olhos postos no relógio. Aconselhei-a a esperar pelo menos uns dois meses. Os dois concordaram em adiar o casamento para novembro. Cuidaram dos preparativos e tudo estava em ordem. Em setembro, ela veio dizer-me que havia cancelado o casamento porque chegara à conclusão de que ele não era a pessoa adequada para ela. A espera evitou um autêntico desastre.

E as tentações sexuais durante um namoro prolongado? A solução não é abreviar o tempo de namoro, mas cultivar a verdadeira virtude da castidade. A autêntica castidade não consiste em conter o desejo até encontrar uma válvula de escape lícita. É uma virtude necessária durante toda a vida. É viver em paz com o apetite sexual, tanto antes do casamento como depois. Não é uma solução a curto prazo, mas uma parte da autêntica vida cristã.

Alguém poderá dizer: «Acontece que não é possível estabelecer regras sobre a duração do namoro. As pessoas são tão diferentes que é preciso estudar caso por caso». Está certo, mas quais são os critérios? Maturidade? Como se mede? Convicções religiosas? Demora tempo avaliá-las. Adaptabilidade? Generosidade? Muitas pessoas demonstraram que podem ser generosas e amoldar-se durante vários meses, mas não durante dois anos. Atualmente, existem muitas pessoas disfuncionais, e é mais difícil do que nunca chegar a discernir-lhes o caráter. A única esperança é rezar, usar a cabeça e apostar contra as estatísticas, concedendo à relação o tempo necessário para que se desenvolva. Depois, se o casamento for um desastre, pelo menos você poderá dizer diante de Deus: «Fiz a minha parte!»

Lembre-se: *um namoro curto leva a um matrimônio curto.*

Evitar o excesso nas saídas

Uma das coisas que acompanham a mentalidade ocidental é o excesso nas saídas, quer dizer, os encontros demasiado frequentes durante a semana. Todos temos trabalho, a nossa vida de oração, a família, amigos, as diversões, e essas coisas tomam tempo. Quando os dois começam a sair juntos, não tem sentido que abandonem metade da sua vida para se encontrarem cinco ou seis noites por semana. Têm de conservar a vida própria. (Às vezes, quando do alguns dos nossos amigos se enamoram, dificilmente voltamos a vê-los.) Acham que a pessoa com quem saem vai «realizar todos os meus sonhos». Podem defender-se dizendo: «Oh, não! Eu sei que ninguém na terra pode satisfazer-me por completo», mas é o que manifestam com o seu comportamento.

Uma jovem procurou-me em busca de conselhos pré-matrimoniais, e contou-me que tinha dúvidas de que o seu namorado fosse o homem adequado, porque o via sempre cansado: parecia não aguentar a vida. Mais tarde falei com o rapaz, e disse-me que estava extremamente cansado porque se encontrava com a namorada seis noites por semana. E morava a hora e meia de distância! Quando nos reunimos os três, disse à moça que eram demasiadas as vezes em que se encontravam, e que bastaria verem-se duas ou três vezes por semana.

– «Mas quando nos vemos tanto – replicou ela –, sentimo-nos felizes um com o outro».

– «Não se trata de sentimentos, mas do que é bom e prudente. Não tem sentido que vocês vivam um namoro que os deixe esgotados».

Há namorados que percebem um certo estancamento quando se vêem com muita frequência. Façam-no dois ou três dias por semana, cortando até com os telefonemas. Da vez seguinte, encontrarão um novo brio.

Uma das minhas irmãs passou por esse problema das saídas excessivas. Encontrava-se com o namorado com tanta frequência que lhe custava muito levantar-se para ir trabalhar. Por fim, os meus pais convenceram-na a ir mais devagar. E deu resultado.

Seria suficiente os namorados verem-se uma noite por semana e um par de noites no final de semana, além de se falarem por telefone alguns outros dias. O rapaz poderia dizer alguma coisa como: «Quero que nos divirtamos mais quando estivermos juntos. Acho que a estou asfixiando. Vamos fazer uma experiência: eu telefono-lhe às segundas, quartas e sextas. Aos sábados, jogamos tênis e depois jantamos tranquilamente. Aos domingos, vamos à Missa e depois fazemos um piquenique no parque. Nas segundas-feiras seguintes, diga-me o que achou». Soa bem! Também poderiam dedicar algum fim de semana a visitar a família do outro/a, acampar ou esquiar.

Mas, se existe uma forte necessidade de se verem diariamente, poderia criar-se uma autêntica interdependência, que levaria a uma verdadeira incapacidade de agir sem a «decisão» do outro. E pior: poderia criar-se um *égoïsme à deux*, como dizem os franceses. Você procura obter cada lasca de prazer da outra pessoa, enquanto se fecha a todas as coisas que poderiam interferir nesse prazer, incluindo no futuro os filhos.

Vestígios de hedonismo

Certa vez, fui procurado por uma moça que estava de férias. O namorado ia visitá-la para fazerem um pouco de turismo, e ela desejava saber se seria conveniente hospedá-lo em sua casa. Respondi-lhe que de maneira nenhuma. Poderia ser motivo de escândalo e, em qualquer caso, uma mulher não pode permitir a um homem a intimidade de passar a noite em sua casa. Isso tenderia a destruir o mistério que ela deve manter até o dia do casamento.

Vejamos outros aspectos da questão. Será apropriado que uma mulher convide o namorado a acompanhá-la numa visita à família dela em outra cidade, e lhe designe um quarto diferente do seu? Pode ser, desde que tome as precauções adequadas e procure que os quartos não sejam contíguos.

É apropriado que uma mulher viaje pela Europa com o namorado e outras pessoas, ocupando quartos diferentes? Não há problema, mas convém que sejam prudentes. Tudo o que façamos que tenha a aparência de pecado pode influir nos outros, e nós somos responsáveis por essa influência.

Outro casal que conheci estava prestes a casar-se. Eu tinha um assunto de que falar com a noiva, e quando disquei o seu número de telefone, ouvi uma gravação da operadora: «Este número foi trocado pelo...» Era do apartamento do noivo! Essa jovem comungava diariamente e os dois vinham fazendo bem as coisas. Quando liguei para esse outro número, atendeu o noivo, que me garantiu que estavam morando juntos, mas em quartos separados. Disse-lhes que poderiam escandalizar as pessoas, e ela mudou-se para um hotel. Confessaram-me que não tinham pensado no escândalo que poderiam ocasionar. O contrato de aluguel da moça tinha vencido, e «pareceu-lhes que tinham procedido bem para economizar dinheiro».

Uns jovens que tinham passado a morar juntos chegaram a perceber mais tarde o erro que tinham cometido: «Não vimos nada de mau em alugar e compartilhar um apartamento, já que excluiríamos o sexo... Alugamos juntos um apartamento e, ao longo de um ano, dormíamos na mesma cama, mas abstivemo-nos de relações sexuais até o dia do casamento. Porém, depois de vários anos de casados e de termos amadurecido espiritualmente, compreendemos que tinha sido um erro. Viemos a lamentar profundamente que as nossas famílias, os nossos amigos (mesmo os mais íntimos) e os nossos vizinhos – todos sabiam que éramos católicos – pensassem que tínhamos tido relações sexuais antes do casamento... O nosso mau exemplo como irmãos mais velhos das nossas respectivas famílias pode ter contribuído para que alguns dos nossos irmãos mais novos nos tivessem imitado. Devíamos tê-lo evitado...»[5]

Uma última sugestão neste sentido. Suponhamos que o seu namorado mora a uma hora de distância. É tarde e está cansado. Que faria? Desde que não haja uma nevasca ou uma

---

(5) *CCL Family Foundations*, The Couple to Couple League, Cincinatti, Ohio, mar-abr 2001, pág. 20.

inundação, sirva-lhe um café forte e mande-o para casa. De maneira nenhuma, exceto em caso de emergência, uma mulher deve permitir que um homem passe toda a noite no seu apartamento. E nenhum cristão deveria pedi-lo.

Até que ponto comprometer-se, estando prometidos?

Os bons noivos cristãos não se propõem morar juntos antes do casamento, mas psicologicamente é outra questão.

Que queremos dizer com *psicologicamente*? Que se pode raciocinar assim: «Bem, como vamos casar-nos dentro de algum tempo, compremos ou construamos uma casa juntos». Enquanto não há a certeza de que essa é a pessoa certa, isso significa criar laços desnecessários e que podem vir a gerar problemas mais adiante.

Outro aspecto que confunde as coisas no namoro é a magnanimidade nos presentes. A mulher pode pensar: «Depois de todos os presentes que me deu, tenho de casar-me com ele». E ele pode pensar: «Tenho de casar-me, pois já investi muito nela».

Outro erro consiste em convencer-se depois de uns poucos meses de trato de que o outro é «perfeito». E que acontece se ele, que «é perfeito», lhe propõe casamento passados apenas seis meses? Para sua própria proteção, guarde o coração pelo menos durante um ano. Não caia na armadilha de pensar que ele «é único» enquanto não tiver passado pelo menos um ano desde que começaram a relacionar-se. Mesmo então, guarde um pouquinho de reserva.

Lembrem-se: vocês não estarão casados enquanto não estiverem casados. Até esse momento, poderão mudar de opinião em qualquer instante. Logicamente, quanto mais se aproxima o dia, mais grave terá de ser o motivo para desfazer tudo, mas se a outra pessoa faz algo estranho, você pode cancelar a cerimônia na noite anterior ou mesmo no próprio dia.

Não se entregue até entregar-se. E então entregue-se de todo!

Qual é a melhor idade para o casamento?

A idade ideal é ao redor dos vinte e cinco anos. Essa idade é razoável se ambos são piedosos, quer dizer, se assistem à Missa diariamente, se rezam o terço ou outra devoção equivalente, e leem as vidas dos santos[6]. Pressupõe-se, certamente, que ambos são maduros e que ele tem um bom trabalho, suficiente para poder manter uma família.

Entre os que se casam aos 21 ou 22 anos, a taxa de divórcios é o dobro da que se observa entre os que o fazem aos 24 ou 25. Os sociólogos Marcia e Tom Lasswell concluíram que «a cifra de divórcios é mais baixa entre os que se casaram aos 28 anos ou mais tarde. A possibilidade de um casamento estável aumenta quando ambos os contraentes atingem os trinta anos, e depois a cifra estabiliza-se»[7].

Então você só deve programar o seu casamento para quando tiver vinte e oito anos? É claro que não. Pense unicamente que, em geral, essa é a idade ideal, mas não se inquiete e evite a ânsia de casar-se antes. Se é mulher, espere pelo menos até os 24; se é homem, até os 26. Deste modo, duplicam-se as possibilidades de sucesso, se bem que chegar a essas idades

---

(6) Por que é importante ler a vida dos santos? Porque foram uns *experts* em humildade, um ingrediente-chave para uma boa relação. E consequentemente, sabiam que tinham de morrer para si mesmos para amar a Deus e os outros. Morrer para si mesmo é outro elemento-chave da vida conjugal.

(7) Tom Lasswell e Marcia Lasswell, *Marriage and Family*, Wadsworth Publishing Co., Belmont, California, 1987; também aparece em Warren, *Finding The Love of Your Life*, pág. 13.

não garante nada: ainda será necessário esforçar-se por discernir se a pessoa escolhida é a adequada. É só um ponto a seu favor[8].

Esperar demasiado tempo também pode criar problemas. Na maioria das vezes, isso acontece porque ainda não se conheceu a pessoa adequada, não necessariamente por motivos egoístas (não há razão para sentir-se ofendido se alguém pensa que foi por isso). Por outro lado, casar-se depois dos trinta cria alguns problemas específicos. Pode ser difícil adaptar-se à vida conjugal se se fez vida de solteiro durante dez ou quinze anos depois da universidade. No entanto, eu casei noivos que tinham mais de 33 anos. Alguns pediram-me conselho poucos meses depois do casamento e esforçaram-se realmente por melhorar. Ambos os fatores facilitaram que as coisas corressem bem.

Consiga um emprego!

Outra coisa: nenhum homem deveria propor casamento a uma mulher enquanto não tivesse um bom trabalho estável. Isto não é materialismo, mas decoro. O homem que pede a uma mulher que se case com ele sem ter os meios suficientes para sustentá-la é um irresponsável. Espanta-me o número de homens que, sem terem um bom trabalho, não refletem antes de pedir uma mulher em casamento. Vivem no mundo

---

(8) São idades condicionadas culturalmente? De modo algum. Se se quer restabelecer uma sociedade predominantemente cristã, as idades deveriam diminuir. A biologia recomenda que as pessoas se casem mais cedo. No entanto, parece certo que, com a grande necessidade de cultura na nossa sociedade altamente tecnificada, nunca voltaremos aos casamentos entre pessoas mais jovens próprios da cultura agrária. Aos que afirmam que *foram* educados numa cultura sub-cristã, eu lhes diria: «Se você tivesse visto menos televisão, se tivesse recebido uma boa educação em casa, se tivesse estudado num colégio católico e tivesse lido a vida dos santos, poderia muito bem ser uma exceção».

da lua. Não acho que sejam homens de verdade, inteligentes, homens de caráter[9].

«Agora estou livre e, portanto, posso fazer»

Há uns anos, veio ver-me uma mulher divorciada que obtivera a sentença de nulidade. Queria saber se havia alguma razão para não dormir com o homem com quem saía. Afinal de contas, já tinha passado da idade de ter filhos, e não haveria problema por esse lado.

Disse-lhe que as leis eram as mesmas tanto para ela como para uma mulher solteira, que o sexo só é legítimo dentro do matrimônio, não só porque pode dar como fruto trazer filhos ao mundo, mas também porque é um símbolo sagrado da aliança conjugal. Ela aceitou o esclarecimento e decidiu viver assim.

Trata-se de um problema que, surpreendentemente, costuma surgir entre viúvas e divorciadas, especialmente se já passaram da menopausa. Às vezes, um homem pode propor a uma mulher viúva ou divorciada: «Gostaria de morar comigo?», como se, por ter estado casada e ter tido filhos, as coisas fossem diferentes com relação à moral. Não o são.

---

(9) Ter um trabalho que obrigue a ficar até tarde ou a ter de viajar muito frequentemente por períodos longos é algo que prejudica o bom relacionamento no namoro, e principalmente entre os recém-casados. Deve-se evitá-lo, se houver outras possibilidades. Da mesma forma, ter vários empregos simultâneos, correndo de cá para lá nas vinte e quatro horas do dia, além de poder fazer com que se chegue a casa excessivamente cansado e de mau humor, indica que não se deu a devida prioridade à família, ao cuidado da esposa e dos filhos, pois esse, sim, é o «primeiro negócio» e a primeira ocupação e preocupação dos que se casam. Ou pode indicar que se foi insensato em prever como compatibilizar as receitas e as despesas. Ou que se está dominado por uma fome desmedida de enriquecer quanto antes (N. do T.).

Todos os homens e mulheres que estejam nessa situação devem esclarecer, a quem quer que pretenda sair com eles, que são pessoas comprometidas com a fé e que a castidade faz parte desse compromisso. Devem dizê-lo com toda a firmeza.

Uma das dificuldades que surgem com a separação do cônjuge é um terrível sentido de vazio. Nesses momentos, a pessoa pode ser extremamente vulnerável e sofrer uma grande perda de autoestima. Mas, em geral, encontrar imediatamente uma nova companhia não é a melhor solução.

Não há sofrimento como o que causa a morte do cônjuge. Pude ver a luta de minha mãe depois da morte do meu pai, tinha ela sessenta anos. O primeiro ano foi o mais duro da sua vida. No entanto, graças à sua fé e à ajuda dos filhos e amigos, superou a prova e refez a vida. Refazer a vida é muito mais importante que encontrar uma nova companhia imediatamente. Consegui-lo pode custar um, dois ou mais anos, mas levará a alcançar o suficiente equilíbrio para iniciar um novo namoro.

A última coisa que se deve fazer como cristão é manter relações sexuais ou, pior ainda, casar-se civilmente com uma pessoa divorciada sem que as autoridades da Igreja tenham proferido a sentença de nulidade. O vazio deixado pelo cônjuge anterior não pode ser preenchido desse modo. As relações imorais não põem remédio à dor da perda do cônjuge; apenas a adiam e, a longo prazo, a aumentam. A autêntica cura só pode achar-se numa profunda vida espiritual mediante a oração, os sacramentos, a Missa, as boas obras, e no seio da família e com os amigos. É o único caminho para reencontrar a verdadeira felicidade.

Sentenças de nulidade

Como já vimos, uma mulher não deve namorar um homem se é divorciada e não está na posse de uma sentença de nulidade. Aos olhos de Deus, continua casada. É verdade que muitos pedidos de nulidade são aceitos, mas algumas vezes não o são e por isso é recomendável que não se inicie um namoro antes de obter essa sentença.

Muitas pessoas consideram complicado dar entrada ao processo. «Fui fiel no meu casamento, mas a minha esposa deixou-me por causa de outro. De que modo posso conseguir a declaração de nulidade?» Procure o sacerdote da sua paróquia e saberá como fazer.

Se o primeiro casamento que envolvia ao menos um católico não se celebrou na Igreja Católica, o processo é muito breve. Trata-se simplesmente de ir à Cúria diocesana e preencher o impresso de nulidade por «defeito de forma». Se esse casamento *foi* reconhecido pela Igreja, a declaração de nulidade deverá ser obtida mediante um «processo formal», que se inicia com o relato escrito das circunstâncias do caso, entregue ao tribunal competente, e que demora em torno de um ano a resolver-se.

A declaração de nulidade afeta a legitimidade dos filhos? Não, nem à face da lei civil nem da lei canônica. Parte-se sempre da base de que houve o chamado «matrimônio putativo», a presunção de que houve casamento, que é o elemento necessário para a legitimidade dos filhos. A sentença de nulidade não muda o status resultante do casamento passado; o que conta é a situação que existia no momento em que o casamento se realizou[10].

---

(10) A Igreja não tem o poder de anular um casamento que foi válido, mas apenas de dirimir com autoridade a dúvida sobre a sua validade no momento em que se celebrou, isto é, se houve impedimentos que o tornavam nulo, portanto inexistente desde o começo, mas não por motivos que se deram depois. Vê-se assim como é errado, ainda que infelizmente seja frequente, que as pessoas se casem pensando que «se não der certo, a gente anula» (N. do T.).

Em resumo

Para favorecer as possibilidades de sucesso no casamento, devem-se ter encontros de amizade durante os primeiros meses da relação. Se as coisas correm bem, pode-se propor um namoro ao longo de dois anos. Evite-se o excesso de saídas e não se more nem se procure hospedagem numa mesma casa ou hotel, quer se viva castamente ou não. Pense-se nos 28 anos como a idade ideal para casar-se. Os homens devem ter um trabalho estável. E se houve um casamento anterior, é necessário adiar o início de outro namoro até que se consiga a sentença de nulidade. Assim se evita boa parte dos problemas matrimoniais e se é exemplo para os outros.

Encontrar o príncipe encantado

Deus conferiu-nos uma certa capacidade de, pondo em jogo os nossos talentos, colaborar com Ele na busca de objetivos. A chave da conduta cristã é esta: *reze como se tudo dependesse de Deus, e trabalhe como se tudo dependesse de você.*

No nosso caso, o seu papel consiste em fazer as coisas adequadas no lugar adequado, mas sem cair no exagero, porque, em última análise, você tem que esperar que Deus lhe proporcione a pessoa adequada no momento adequado. A confiança é imprescindível para uma pessoa solteira que pretenda casar-se.

É uma pena que as mulheres sejam tão ativas nessa busca do homem adequado. Em épocas passadas, elas ficavam à espera de conhecer um homem bom. Havia muitas atividades nas paróquias e numerosas oportunidades de encontrar um marido bom e religioso. A revolução sexual mudou tudo. Acrescentemos que muitas pessoas procedem de famílias conflituosas, e que as possibilidades de escolha são cada vez mais reduzidas. As mulheres têm que desempenhar um papel mais ativo do que antes para encontrar o homem certo, e essa tarefa é quase tão apaixonante como procurar um trabalho. É uma aventura, mas vale a pena tentar.

Plano de ação

A primeira coisa para uma mulher é preparar um plano: tenha em conta certos princípios graças aos quais encontrará o seu príncipe encantado. Proponho-lhe os seguintes[1]:

– Comprometa-se a viver a autêntica castidade cristã, aconteça o que acontecer, independentemente do que você tenha feito no passado. Sem exceções, sem prazos. A transigência só é fonte de desgraças.

– Cuide de si física, espiritual e mentalmente. Coma bem, durma, faça algum tipo de exercício e beba pouquíssimo álcool. Proponha-se um plano fixo de oração. Pense em atividades semanais que a possam distrair.

– Desenvolva uma visão cristã, positiva, da vida e projete-a nas suas relações, consciente de que tal atitude a faz mais atraente.

– Programe a sua vida social e ponha-a em prática.

– Diga amavelmente aos homens aquilo de que você gosta e aquilo de que não.

– Seja sempre correta e paciente com todos.

– Termine uma relação se vir que não chega a lugar nenhum (isto é importante).

Como já falamos bastante de castidade, passemos aos outros princípios.

---

(1) Baseiam-se, em parte, nos princípios 4, 5, 8, 9 e 11 dos doze de Winnefred Cutler em «The Code of Courtship» em *Searching for Courtship: The Smart Woman's Guide to Find A Good Husband*, Villar Books, Nova York, 1998, págs. 37-39. Nos primeiros sete capítulos deste livro aparecem muitos conselhos valiosos, apesar de o autor aceitar o sexo pré-matrimonial.

Cuide de si

Se você quer realmente encontrar um bom marido, tem que apresentar-se como uma dessas pessoas com quem qualquer um desejaria casar-se. Em poucas palavras, deve ser uma boa candidata. Cuide da sua saúde, comendo adequadamente, descansando o necessário e praticando exercícios sadios. Isto não só lhe dará melhor aspecto, mas fá-la-á *sentir-se* melhor e ter uma ampla visão da vida[2].

Leia bons livros sobre temas interessantes e figuras que se destaquem pelos seus valores humanos e morais. Mantenha-se em dia, pelos jornais e revistas, sobre o que se passa no mundo; assim terá assuntos de que falar com quem sair.

Nas saídas, mantenha sempre uma atitude correta e comporte-se com aprumo. Vista-se com esmero e simplicidade, com os adornos apropriados. Você deve parecer elegante, mas não sedutora.

Atitude positiva[3]

Se você é católica praticante, que reza diariamente, deverá ter uma visão muito positiva da vida. É triste ver pessoas profundamente religiosas que caem no pessimismo. É verdade que no nosso mundo há muitas coisas ruins, algumas terríveis, mas também há coisas muito boas. A nossa visão da vida depende daquilo em que pensamos mais. Se você se obsessiona por tudo o que há de negativo no mundo, pode converter-se em pouquíssimo tempo numa pessoa amarga.

Isto não significa que não aceite que existem coisas más na vida e nas pessoas. Pode ser útil tomar consciência disso, mas com moderação. Por exemplo, se determinado político fez

---

(2) Ver Winnefred Cutler, *Searching For Courtship*, págs. 57-77.
(3) *Ibid.*, págs. 38-39.

alguma coisa errada, ao invés de dizer: «É um sem-vergonha, um homem desprezível», basta dizer algo do tipo: «Decepcionou-me muito o que fez» ou «a sua atitude deixou muito a desejar». Com isso, condena o ato, não a pessoa toda. Quem a ouça captará a mensagem e você conservará a sua paz e a sua alegria.

Programe a sua vida

Programar a vida significa, neste caso, ir aos lugares onde seja possível encontrar um homem bom. A maioria das pessoas sabe que os bares e as discotecas são os piores lugares para conhecer alguém que possa ser um bom cônjuge cristão. As relações sociais exigem critério para saber escolher e valor para marcar a pauta de um relacionamento correto que toda a mulher merece[4].

Confiando no Senhor, nenhuma mulher deve ter receio de insistir em ser bem tratada, com todo o respeito. Deve esperar pelo momento certo para ter uma conversa mais séria, mas é necessário que o faça em algum momento, sob pena de vir a ser uma mulher infeliz por toda a vida.

Se um homem não capta a importância do bom comportamento, você deve dizer-lhe adeus e explicar-lhe a razão. Com isso, talvez plante nele uma semente que o ajude a corrigir-se e a chegar a ser um bom marido para outra.

Seja educada[5]

Ser firme não significa que seja ríspida. Comporte-se sempre como uma dama. Nada deve fazê-la perder o sangue-frio ou levá-la a dizer palavras desagradáveis. Isso pode prejudicar

---

(4) *Ibid.*, págs. 31, 46, 47, 187.
(5) *Ibid.*, pág. 38. Para mais exemplos, ver os capítulos II e VI.

não só o seu namoro, mas a sua própria vida espiritual. Os cristãos valorizam a dignidade de cada pessoa humana. Essa é a base, não só da doutrina social da Igreja, mas do seu ensinamento sobre o matrimônio e a sexualidade.

Se no passado você foi desbocada, corrija-se. Obrigue-se a pagar uma multa (envie dinheiro aos pobres) se voltar a cair num linguajar grosseiro, até eliminar essas palavras, mesmo em pensamento. Não deixe que um homem a ouça dizer um palavrão, porque de outro modo perderá o seu respeito rapidamente.

O namoro, se queremos reabilitá-lo, baseia-se sobretudo no respeito. Respeite todos os homens, mesmo o mais vigarista. Assim ganhará a estima de todo aquele que se aproxime de você.

Pôr termo a relações complicadas[6]

Uma das coisas mais difíceis para uma mulher é terminar uma relação grata que não leva a parte nenhuma. Uma mulher saiu com um homem dos 34 aos 40 anos. Ele estava divorciado, ou pelo menos era o que dizia, mas o casamento não fora declarado nulo. Em vez de insistir com ele em que solicitasse a nulidade, ela «aguentava» esperando um milagre. Era uma mulher atraente, alegre e expansiva, mas não regulava bem da cabeça: esse homem nunca se casaria com ela. Por fim, morreu num acidente. E, pouco depois, ela descobriu que ele tinha outra namorada.

Católicos solteiros *online*

Os serviços das agências matrimoniais eram até há pouco tempo um dos modos mais comuns de conseguir um na-

---

(6) *Ibid.*, págs. 72-75.

morado, mas a Internet mudou as coisas. Alguns casamentos felizes saíram das páginas web de católicos solteiros. Eu vi como começavam a relação, e mais tarde celebrei-lhes as bodas. Os encontros *online* podem ser bons se houver prudência e se der tempo ao tempo.

Se você decidir fazer a experiência, sente-se diante do computador e procure duas ou três páginas que atendam ao perfil que você deseja. Se gostou de alguém, entre em contato no mesmo momento. Não espere. Explique claramente o que procura. Não se concentre demasiado em conhecer alguém dentro da sua área geográfica. Seja flexível no que não é essencial.

Algumas mulheres disseram-me que obtiveram numerosas propostas, outras não tantas, mas que é um bom lugar para começar: podem manter correspondência por *e-mail* durante algum tempo, até perceber que se trata de alguém com quem podem sintonizar. A seguir, ele deveria oferecer-se para telefonar-lhe e combinarem encontrar-se. Se não o faz, nem mesmo se você o insinua, esqueça-o. Há pessoas que se divertem enviando *e-mails*.

Se ele deseja conhecê-la e você se anima, combine um encontro para tomarem um café ou algo assim, a fim de conhecê-lo. E se você já entrou em contato com um homem e recebe alguns correios interessantes de outro? Terá que dizer-lhe que a esqueça? De maneira nenhuma. Enquanto não estiver saindo só com um, não deve excluir os outros. Continue a comunicar-se com esses outros, permita que lhe telefonem, e pode ir marcando um encontro com cada um em sucessivos fins de semana. Enquanto você não se comprometer, não está comprometida, e pode beneficiar-se dessa pequena variedade para fazer melhor a sua escolha de um.

Que fazer se, por este sistema, você conhece um homem que mora em outra cidade e a convida a visitá-lo? Não vá. Ir sozinha a uma cidade que você não conhece suporia uma grande desvantagem. Se ele está interessado, que venha vê-la.

Quando o tiver conhecido melhor e estiver segura de que corresponde ao seu tipo, poderá visitá-lo, mas terá que procurar alojamento numa boa família ou outro lugar semelhante. Evite os hotéis.

E se você se encontrou com um homem durante vários meses e ele a convida a mudar-se para a sua cidade? A menos que você tenha família ali, esqueça-o. Imagine o que sentiria se se mudasse e as coisas não corressem bem. Estaria sozinha numa cidade nova, com poucos amigos, e sabe Deus com que espécie de trabalho! Se você se casar, então poderá mudar-se.

Como dissemos antes, não se precipite nem desespere. Se você é o prêmio, tem de agir como tal, pôr a escolha num nível alto e mantê-lo. Os homens que têm classe estarão à sua altura. Os outros desistirão. Lembre-se: as mulheres que, com cortesia e amabilidade, exigem um bom comportamento, sempre o conseguem.

Se não estiver interessada, fale claro, por favor. O homem deseja que, se uma mulher não está interessada nele, o diga logo e com clareza. Pode dizer-lhe algo do tipo: «Sabe? Você parece-me uma pessoa ótima, mas não creio que nos venhamos a entender». Se ele insiste, seja ainda mais direta: «Na verdade, não quero sair com você».

Outras ocasiões: jantares, eventos, atividades

A nossa cultura perdeu a arte de promover jantares para amigos solteiros. É um modo maravilhosamente refinado de conhecer novas pessoas. Quando você está à mesa com seis ou sete convivas, conversando sobre os assuntos do dia, descobre muito sobre eles em pouquíssimo tempo. Geralmente, se é você que oferece o jantar, não conhecerá ninguém novo, pois se supõe que os conhece a todos. Mas pode, por exemplo, convidar três amigas que se disponham a trazer um bom rapaz (católico) pelo qual não se sintam pessoalmente interessadas.

Se um bom católico convida você a assistir a um casamento ou a participar de uma festa, aceite. Com frequência conhecerá pessoas de ideias afins. Vá sozinha a esses eventos, porque assim estará muito mais acessível[7].

Existem muitos outros eventos que permitem conhecer um bom católico: os movimentos pró-vida, os estudos da Bíblia, os grupos de oração... A situação nestes casos é semelhante à dos eventos acima mencionados.

Outras atividades de natureza mais secular – como aulas de dança, de tênis, associações que defendam a ética na política, grupos de assistência social, etc. – proporcionam também boas possibilidades de relacionamento, mas não tantas, porque não se tratará necessariamente de pessoas que partilhem dos seus valores como as dos ambientes anteriores. Mesmo assim, se são atividades de que você gosta e que a distraem, é bom que participe delas sem pensar em encontrar alguém especial. Se acontecer, alegre-se com a surpresa.

Este rapaz é religioso?

Demora algum tempo descobrir se um rapaz é piedoso, mas você pode fazer certas perguntas que lhe darão alguma pista. Por exemplo: «Quais são os seus principais interesses na vida?» ou «Que coisas são essenciais para você?» Se ele lhe pergunta: «O que quer dizer com isso?», você pode responder: «Bem, por exemplo o seu trabalho, a sua fé, os esportes, as excursões, as leituras». Se ele responde: «A minha coleção de selos», já pode formar uma opinião bem clara.

Outra possibilidade consiste em você falar com naturalidade das suas práticas religiosas e ver como ele reage. Se

---

(7) *Ibid.*, pág. 145.

não comenta nada, pode não estar interessado. Não é fácil descobrir verdadeiramente qual o sentido do compromisso e o potencial religioso de um homem, especialmente se é do gênero «complacente». Com esta palavra, quero dizer que, se você lhe diz claramente que é religiosa e lhe pergunta se ele o é, frequentemente lhe responderá: «Muito!», ainda que não tenha pisado numa igreja nas últimas décadas. Nesse caso, fazer a pergunta diretamente não será de muita ajuda.

Confiar no Senhor

Ainda que você dê os passos certos, nunca tem assegurado o êxito. Algumas das coisas que acabamos de ver podem aproximá-la do príncipe encantado, mas não fique obcecada. Desde que você tenha feito a sua parte, o resto toca a Deus decidi-lo.

Que acontece se nenhuma das suas medidas dá resultado? Dirija-se a Deus na oração e confie no calendário dEle, que costuma ser mais lento do que o nosso. Continue a tentar.

Em resumo

É importante que as mulheres cuidem da sua vida social e tenham um plano para encontrar o homem adequado. Isto implica cuidar da saúde espiritual, física e psicológica. Seja uma pessoa positiva. Siga o seu plano disciplinadamente. Insista num relacionamento apropriado e trate sempre educadamente os outros. Ponha fim rapidamente às relações prejudiciais. Se quiser, sirva-se da Internet para conhecer *online* um católico. Assista aos casamentos e outros eventos semelhantes. Participe de atividades entretidas e agradáveis. E deixe o resto nas mãos de Deus: Ele tem um plano para você.

Buscar a mulher dos seus sonhos

No caso do homem, a tarefa de procurar a pessoa idônea para casar-se é um pouco diferente da de uma mulher. Esta tem que situar-se no lugar adequado para receber a atenção de um homem bom. Um homem tem que ir aos mesmos lugares e encontrar uma mulher boa. Mas antes de falarmos de «lugares», falemos brevemente da «procura».

O duque voltou

Dissemos atrás que o homem é o *perseguidor* e a mulher o seu *prêmio*. Mas, com a funesta revolução feminista (que começa a morrer de morte natural), muitos homens receiam pôr-se em campo demasiado ativamente, talvez por não saberem o que as mulheres esperam deles.

Às autênticas mulheres cristãs, encanta-lhes que os homens tomem a iniciativa no namoro, que façam o primeiro movimento de aproximação. Mas há homens cristãos que hesitam em aproximar-se muito decididamente das mulheres pelo temor de que elas os considerem parte desse pegajoso «panorama de saídas» que acham errado. Assim, procuram conhecê-las melhor vendo-as em diferentes eventos antes de abordá-las diretamente. As mulheres não gostam dessa atitude.

O passo a dar é que o homem se aproxime da mulher que lhe agrada por meio do que chamamos acima «saídas amistosas». Por outras palavras, você deve tomar a iniciativa, mas como amigo. Os amigos não esperam uma festa para se verem. Falam por telefone um com o outro, programam planos de lazer juntos, porque assim passam bem. Não é obrigatório comprometer-se a um namoro para sair com uma garota e tratá-la como amiga.

Se uma moça despertou o seu interesse, vá em frente, convide-a para jantar, passear de bicicleta ou qualquer outra coisa. Iniciar um relacionamento amigável com ela não significa que você não tenha que dar-lhe uma atenção especial e fazê-la ver que está interessado nela. «Persiga-a» durante dois ou três meses com moderação, como amigo, não como um pretendente enamorado. Mas persiga-a.

Em 12 de outubro de 2001, exatamente um mês depois do ataque do 11/9, Peggy Noonan publicou no *Wall Street Journal* um editorial intitulado «Bem-vindo, Duque». A sua tese era que, depois do 11 de setembro, se passou a apreciar muito mais o homem tipo John Wayne, que não era um ator cansado, mas alguém que possa arregaçar as mangas e fazer coisas. Os bombeiros, os policiais de Nova York, os trabalhadores comuns que tornam a vida mais fácil para milhares e milhares de pessoas são todos heróis desconhecidos. «O Duque voltou – dizia a jornalista –, e já era hora».

O retorno da masculinidade trará consigo o retorno do cavalheirismo, e isso por uma razão muito simples: os homens viris são cavalheirescos por definição. Por exemplo, se você é mulher e vai a um evento universitário na Ivy League University, terá que disputar uma cadeira a um intelectual masculino, mas garanto-lhe que, se for aos Knights of Columbus Hall, os homens que se encontrarem ali (policiais, bombeiros, agentes de seguros) hão de levantar-

-se e ceder-lhe o lugar. Porque são principalmente homens e cavalheiros.

O artigo elogia também os homens de negócios do voo 93, que se despediram dos seus entes queridos, desligaram o celular e disseram: «Vamos lá».

Tudo isto pode ser aplicado ao homem que deseja ganhar o coração da sua formosa donzela. Cavalheiros, chegou o momento de «perseguir» as mulheres, não grosseiramente, lascivamente ou de um modo machista, mas como cavalheiros. Para começar, um cavalheiro escuta e observa cuidadosamente os sinais claros que revelam se a jovem está interessada. E se ela não dá esses sinais claros, ele será suficientemente esperto para fazer-lhe a pergunta diretamente. Portanto, homens, a menos que ela demonstre falta de interesse, e tendo em mente os encontros amistosos, chegou o momento de dizer: «Vamos lá».

O homem cristão

Antes de encontrar a Mulher dos seus Sonhos, o homem deve *ser* o Príncipe Encantado. Se você espera triunfar no namoro e no casamento (assim como alcançar o Reino), tem necessidade de rezar muito, de ser uma prova viva do valor da oração. Mostre-se disposto a dizer aos outros quanto a oração o tem ajudado. Sem cair na pieguice.

Também é importante que conheça a doutrina, especialmente no que se refere à castidade, e não peça perdão a ninguém por vivê-la. Lembre-se: o motivo pelo qual Cristo deseja a castidade é porque conduz à felicidade. Conheci muitos homens que pretendiam ser cristãos, mas nem sequer tentavam ser castos. Não se pode seguir os dois caminhos.

O homem cristão é decidido, mas ao mesmo tempo amável, como o seu modelo, Jesus Cristo. Sente-se seguro de si mesmo, mas é humilde, conhece as suas limitações; tem em alta estima as mulheres e procura ser educado; procura viver a sua fé e faz render para Deus os seus talentos: o atlético, o artístico, o musical ou qualquer outro. E tem uma vida própria além do namoro, uma vida que está ligada à sua igreja. Para uma autêntica mulher cristã, esse homem é o proverbial «bom partido».

Onde procurar?

Os serviços *online* podem ser um bom lugar em que os homens cristãos conheçam mulheres boas e vice-versa. Os homens costumam queixar-se: «Mas isso não é coisa para os perdedores?» Talvez tenha sido, mas já não é. Conheci muitos católicos inteligentes e atraentes que encontraram boas esposas nesses serviços. Você pode entrar na página web e ver-lhes o rosto junto com alguma informação pessoal, mesmo antes de pôr-se em contato com alguma delas. Entre simplesmente numa dessas páginas, procure o «Serviço de Encontros Católicos» e inscreva-se em um ou mais grupos. Depois, percorra as listas até encontrar alguém que lhe pareça interessante. Envie-lhe um e-mail e ponha em andamento a relação. Passado algum tempo em que se comunique com ela por esse meio e depois por chamadas telefônicas, pergunte-lhe se pode visitá-la ou, se mora perto, proponha-lhe um encontro. O resto é com você.

Assistir a uma cerimônia de casamento na igreja é outro modo de conhecer gente boa. A abordagem é sempre a mesma, mas um pouco mais fácil, porque se tem em comum a pessoa que os convidou. Pode-se iniciar a conversa, por exemplo, com uma pergunta: «Você é amiga de Luísa (a noiva) ou de Ambrósio (o noivo)?»

Os atos pró-vida são outro lugar adequado, como também os grupos de oração, de estudos bíblicos, ou grupos políticos que defendam soluções justas para os problemas morais. Outras atividades como aulas de tênis ou ciclismo podem prestar-se também a encontrar alguém adequado. Pode ser que a pessoa acabada de conhecer não seja católica como você, e nesse caso é necessário não conformar-se com o que aparece, porque o resultado final poderia ser catastrófico.

Enfim, os jantares são outro bom modo de conhecer pessoas. Um jantar com seis ou oito pessoas em casa de um amigo é uma excelente ocasião para criar relações dignas. Após a refeição, as pessoas misturam-se e conversam umas com as outras, e essa é uma boa oportunidade para iniciar um relacionamento.

Convidá-la para sair

Quando chega o momento de você convidar uma moça para sair consigo, não seja vago e não diga simplesmente: «Você gostaria de sair comigo no sábado à noite?» Uma das minhas inteligentes sobrinhas recebeu um convite desses de um jovem. Pediu-lhe que fosse um pouco mais concreto, mas ele não foi capaz. Então ela disse-lhe: «Telefone-me quando tiver um plano».

Rapazes, *é necessário ter* um plano. Quando convidarem uma moça para sair, que seja para alguma coisa concreta, como jantar, ir a um concerto ou assistir a um jogo de basquete. Nunca comecem com um: «Você gostaria de que saíssemos juntos alguma vez?» Se lhe sugere duas possíveis noites e ela responde a essa alternativa: «Sinto muito, mas já tenho planos», é o momento de perguntar-lhe: «Haverá algum dia em que eu tenha mais sucesso?» Se ela não quiser continuar o relacionamento, aproveitará a ocasião para dizê-lo, educada mas diretamente.

Se vocês querem ter êxito, têm que tentá-lo. Se lhes agrada uma mulher, e ela também gosta de vocês, vão em frente, matem o dragão e ganhem o coração da moça. Não sejam

como o rapaz que saía com uma jovem tão enamorada dele que disse aos seus pais: – «Gostaria de casar-me com esse homem». Os pais não se mostraram entusiasmados, porque era oito anos mais velho que ela, e a moça acabou por deixar-se influenciar. Perguntei ao rapaz:
– «Diga-me, você gosta muito dela?»
– «É claro», respondeu.
– «Então, que pensa fazer?
– «Bem, parece que ela concorda com os pais. Vou deixá-la».
– «E por que não se oferece para irem juntos visitar os pais dela e assim pelo menos eles o conhecem? Se virem como você é, talvez mudem de opinião».

Não quis ouvir falar disso. Quem sabe o que teria acontecido se o tivesse feito? Ninguém gosta de que o rejeitem, mas faz parte da condição masculina superar a rejeição. São ossos do ofício. Se é o homem que toma a iniciativa do relacionamento com a mulher, tem de estar preparado para que o rejeitem. Você tentou e fracassou. E daí? Levante-se e tente de novo. Parece que são muitos os homens a quem falta fortaleza. Lembre-se: um coração fraco nunca conquistará uma mulher.

O romântico

Cabe ao homem proporcionar a maior parte do romantismo a um namoro. O que queremos dizer exatamente com romantismo? Um modo inovador, heroico ou imaginativo de perseguir uma mulher; uma maneira cheia de cor e imaginação na forma de demonstrar o amor. As mulheres sempre gostam de um pouco de variedade e dinamismo. O romantismo é um modo de dizer à mulher: «Você faz-me ser imaginativo, inovador».

Alguns modos de ser romântico com a namorada? Quando for ao seu encontro para uma saída, leve-lhe uma rosa ou outra flor: as mulheres adoram as flores. Manifestações como essa podem dar resultado.

Num Natal, um rapaz muito imaginativo, além de romântico, resolveu talhar um pedestal para a namorada. Pegou um tronco de madeira, gravou na parte superior o nome da moça e deu-lhe de presente, acompanhado de um poema. Ela mostrou-se feliz. O que mais a comoveu, porém, foi o poema. A poesia goza de grande sucesso entre a maioria das mulheres. Por exemplo, o meu cunhado costumava enviar à minha irmã versos do Cyrano de Bergerac. Se você pode compor a sua própria poesia, faça-o. Não tem que ser perfeita, mas sincera. Um rapaz escreveu o seguinte à namorada:

«Se nos casarmos no futuro,
para mim será uma bobagem terminar o namoro,
porque levarei para fora o lixo
e te ajudarei a lavar as tuas blusas.
Não cuida disso o amor,
de dar quando dói?
Mesmo quando tivermos cinco filhos,
continuarei a enviar rosas
para alegrar os vossos corações
e dar prazer aos vossos narizes».

Observemos que esse homem manifestava claramente o seu amor, com uns versos péssimos e desajeitados toques de humor. A namorada achou «deliciosa» a poesia. Se você não for capaz de compor os seus próprios versos, recorra a Cyrano.

Outra coisa que costuma ter êxito é enviar cartões de vez em quando. Podem-se comprar numa papelaria ou pode-se escrevê-los de punho e letra. Com a ajuda do computador, é possível compor um cartão realmente divertido e pessoal.

Podem-se dar muitos mais tratos à imaginação. Um dia, estava eu na praia quando, movendo-se lentamente, passou um barco onde um homem exibia um grande letreiro que dizia: «*Felicity, você quer casar-se comigo?*» Felicity estava na praia com o namorado e um grupo de amigos. Ela deve ter dito que sim, porque vinte minutos depois o barco voltou a passar com outro letreiro: «*Um grande dia! Ela disse "sim"!*»

Alguns dos encontros mais românticos são os piqueniques. Vá a um restaurante fino e peça que lhe embrulhem alguns pratos exóticos. Escolha um bonito parque e estenda uma boa toalha de praia (não vale aquela que não é lavada há cinco anos). Não se esqueça de levar uma rosa num vasinho. É um cenário esplêndido para estabelecer um laço íntimo.

Outras ideias: darem um passeio pelo parque numa charrete puxada por cavalos. Ou irem à sorveteria e escolherem o sorvete que mais lhes agrade. Ou passearem pela praia ao pôr do sol, caminhando descalços pela espuma do mar. Ou combinarem com um amigo músico que lhes toque e cante uma serenata.

Há muitos outros tipos de encontros, além dos românticos. Filmes, jogos, concertos, excursões, passeios de barco, pescarias (se ela gosta), conferências (religiosas ou não), jogos de mesa..., só para nomear alguns.

A propósito, as jovens cristãs não pretendem necessariamente que os homens gastem um monte de dinheiro com elas, mas desejam que sejam *imaginativos*. Se a sua namorada se queixa de que você já não a convida tanto para sair, leve-a a almoçar ou jantar num restaurante que, sem ser o Fasano, tenha certa classe.

Em resumo

O primeiro desafio consiste em «perseguir» uma jovem que se mostre interessada. E em ser um «bom partido», quer dizer, um homem de caráter e trabalhador, que além disso conhece a sua fé, que não tem receio de falar dela e está orgulhoso de vivê-la.

Procure encontrar a Mulher dos seus Sonhos nos serviços *online*, em boas palestras sobre temas de formação católica, em jantares ou em qualquer tipo de festas, especialmente as que são frequentadas por autênticos cristãos. Certamente, também podem ser recomendáveis os movimentos pró-vida, os grupos de oração, estudos bíblicos, assim como as atividades esportivas.

Quando encontrar alguém que lhe agrade, telefone-lhe propondo um plano, saiam juntos como amigos, mas *persiga-a*. E quando chegarem ao namoro, seja original. Diga-lhe de todos os modos imagináveis e românticos que a ama. *Vive l'amour!*

A comunicação

Por que é tão difícil a comunicação entre homens e mulheres? Porque, como já vimos que disse John Gray, os homens são de Marte e as mulheres de Vênus, isto é, os homens pensam de uma maneira e as mulheres de outra. Adaptabilidade é a palavra-chave na comunicação entre os sexos. Ele tem de saber o que ela pensa e ela o que ele pensa. Cada um deve adaptar-se ao outro.

Ao longo dos últimos vinte anos, ouvi dizer a muitos pares de namorados que as relações entre os dois eram lamentáveis, e em 80% dos casos o argumento era o mesmo. Primeiro, o homem comete um erro: esquece um aniversário, recorda a antiga namorada com demasiado calor, deixa de telefonar à namorada quando era de esperar que o fizesse. Não é que a mulher se engane nunca, mas a maioria dos homens tendem mais facilmente que as mulheres a dar um *faux pas*.

Seja como for, o certo é que a mulher se aborrece. Pode até ser por alguma coisa que o homem não fez, mas que a altera emocionalmente e a leva a dizer: – «Você não se importa comigo».

– «Que você quer dizer com isso?», pergunta ele. Julga que se ocupa muitíssimo dela porque a leva para almoçar

num bom restaurante, telefona-lhe frequentemente, vai visitar a família dela, compra-lhe rosas.
— «Você não me telefonou ontem. E sabia que eu tinha uma entrevista marcada» (em busca de emprego).
Ele tenta defender-se: — «Você só me falou da entrevista uma vez. Não pensei que fosse um assunto tão importante». Erro crasso. Cuidado. Os assuntos insignificantes podem converter-se em importantes se você os chama insignificantes.
— «Era importante, sim, e eu precisava falar com você».
— «Por que não me telefonou então?», continua ele, na inútil tentativa de defender-se.
— «Telefonei-lhe. Você tinha deixado o celular na caixa postal e deixei-lhe uma mensagem».
— «Ah sim! Mas quando vi, era muito tarde para telefonar-lhe. Não era tão importante, não é?»
Agora ela está completamente furiosa. Não é que o assunto não fosse trivial, mas o problema eram os sentimentos dela. Como mulher, deixava-se dominar pelas emoções. Era preciso que se acalmasse, e era ele que o devia fazer.
— «Como pode ser tão insensível? Nunca está quando preciso da sua ajuda. Sempre faz o mesmo». O que não era verdade, e ela o sabia. Mas *sente* como se sempre fosse assim, especialmente nesse momento!
— «Não faço *sempre* o mesmo», diz ele corretamente, mas também de um modo desastroso.
Agora ela está ainda mais furiosa. Ele mostra-se lógico, ao passo que ela dá vazão às suas emoções. Chegados a este ponto, ela pode dizer um disparate tão forte como: — «Você é um idiota, só que não sabe!»
Ele leva as mãos à cabeça e cala-se. Sabe que, se disser uma palavra mais, está perdido.
Isto não lhe soa a coisa familiar? Os homens e as mulheres pensam de modo diferente. Os homens concentram-se no problema, as mulheres nos sentimentos; não as preocupa

o fundamental, mas o que sente no coração, ao qual estão estreitamente ligadas. Por outras palavras, o problema não costuma ser o problema. O problema é o coração da mulher. Como cuida ele desse coração? E como pode ela ajudá-lo a que o faça?

O que o Eduardo pode fazer

Comecemos pelo Eduardo (chamemo-lo assim). Em primeiro lugar, tem que entender o modo de pensar da sua namorada, Valéria. Como vimos, a mulher está aborrecida, e o homem tende a analisar e resolver o problema. A mulher só quer falar, isto é, quer que o seu namorado a console, o que não é tão difícil.

Uma mulher, descrita por Gary Smalley em *If Only He Knew* (um livro só para homens), diz assim: «Oxalá o meu marido me rodeasse com os seus braços e me abraçasse, em vez de vir com um sermão quando estou triste». Após seis ou sete vezes em que essa situação se repetiu, o homem finalmente entendeu. Passou a abraçá-la e, a partir daquele momento, o casal deu-se cada vez melhor.

Um homem que desconheça tudo sobre as mulheres devia aprender o seguinte: *Quando a mulher se mostrar desgostada, é a ocasião de você ser o seu cavaleiro de brilhante armadura. Se a consolar, será um herói!* Todas as flores que você enviou na semana passada, os telefonemas ou bilhetes de amor, os sacrifícios que fez, tudo isso é esplêndido, mas não ganhará o coração da moça. Você só o ganhará quando estiver ao seu lado para consolá-la. Acredite: é um preço muito baixo para a paz e a felicidade que proporciona, para a bela intimidade que cria.

Dois namorados, jovens e piedosos, procuraram-me depois de uma briga violenta. Tinham ido a uma festa e ele passara muito tempo conversando com uns antigos amigos e ignorando a namorada. Ela estava de cara triste e quando ele lhe perguntou o motivo e ela o explicou, infelizmente o rapaz replicou: «Você é demasiado sensível». Ela aborreceu-se ainda mais e assim rebentou a Terceira Guerra Mundial. Isso acontecia frequentes vezes por um motivo ou por outro.

Um dia, aconselhei ao rapaz: – «Por que não lhe diz que a ama e que ela é a pessoa mais importante da sua vida?» Respondeu-me: – «Porque, quando fica desse jeito, *não sinto uma grande afeição por ela*». *Alerta máximo! Homem em posição de combate!*

O amor não é apenas um sentimento. É uma preocupação pelo bem da outra pessoa. Se você diz à sua namorada que a ama só quando o sente, vai ter um relacionamento difícil com *qualquer* mulher. Deve estar disposto a dizê-lo cada vez que ela se sinta triste *por qualquer razão que seja*. Deve dizer-lhe que, depois de Deus, a felicidade dela é para você a coisa mais importante da sua vida.

Quando você se casar, haverá dias, e mesmo semanas ou meses, em que não «sentirá» nenhum amor pela esposa. Poderá parecer-lhe que ela é o seu pior inimigo. Mas deve dizer-lhe que a ama porque lhe prometeu «amá-la e honrá-la» todos os dias da sua vida. Deve dizê-lo porque isso curará muitas feridas e porque acabará por devolver-lhe o sentimento. Deve dizê-lo porque «as pessoas precisam de carinho, sobretudo quando não o merecem»[1].

Uma das piores coisas que um homem pode fazer é ignorar o coração da sua noiva uma vez que se case com ela. «Já a tenho – pensam alguns –, já não preciso namorá-la. Posso descansar». Um homem deve conquistar diariamente o coração da sua mulher, pelo resto da vida. Não é difícil, se

---

(1) John Harrigan, citado por Laura Doyle em *The Surrendered Wife : A Practical Guide to Finding Intimacy, Passion, and Peace with Your Man* («A esposa rendida: guia prático para encontrar intimidade, paixão e opaz com o seu marido»), Fireside, Palmer, Alaska, 2001, pág. 191.

começou a fazê-lo já desde o noivado. Tome a sério o coração dela. Se o fizer, estará rodeado de sorrisos.

Faça dela a número um

A esposa de Gary Smalley queixava-se de que, cada vez que faziam um plano, surgia algum problema que o adiava. Acabavam por fazer «qualquer outra coisa». Ela disse-lhe: «Você estaria melhor encontrando-se com os seus amigos do que perdendo o tempo comigo». Desse modo, ele ia conseguindo que a pessoa mais importante da sua vida se sentisse a menos importante.

Começou a mudar e escreveu em *If Only He Knew*: «Eu *queria* dizer-lhe que era a pessoa mais importante da minha vida. Realmente, queria senti-lo assim. No início, não tinha esses sentimentos, mas *queria* tê-los. Passei a tentar que ela fosse para mim mais importante que qualquer outra coisa, e muito em breve comecei a *sentir* que ela era a minha máxima prioridade... Por outras palavras, o tíbio sentimento interior que tinha por Norma começou a arder *depois* que coloquei na sua cabeça a *coroa de rainha*».

Isto é fundamental em qualquer relação. Os sentimentos seguem-se ao esforço. Se queremos que os sentimentos surtam efeito antes de agirmos, nunca seremos felizes. O amor está na vontade. Se você ama a Mulher dos seus Sonhos com toda a sua vontade, ela o enviará ao sétimo céu! Fá-lo-á sentir-se como um rei.

Demonstre-lhe alguma coisa mais que respeito

Nunca menospreze a opinião dela. Pode não estar de acordo, mas respeite-a sempre. É um modo de honrar a mulher que você escolheu e de cumprir, quando se casarem, a promessa de amá-la e honrá-la durante toda a vida. Um casal vinha passando por uma época de crise na sua vida conjugal. Pedi-lhes que, todas as manhãs, sussurrassem um ao outro: «Amar-te-ei e honrar-te-ei *hoje*», e a crise se desfez. Sugiro-lhe que comece imediatamente a dizer cada dia: «Amarei e honrarei a minha noiva no dia de hoje».

Outra coisa que destrói o relacionamento é o espírito supercrítico. É coisa que acontece já no noivado, embora seja mais frequente na vida matrimonial. Uma tarde, Gary Smalley assistia com a família a um jogo de futebol pela televisão. A esposa tinha preparado sanduíches para ela e para os três filhos, mas não para ele. Uns dias depois, ele armou-se de coragem e perguntou-lhe o motivo. Ela replicou: – «Fala sério? Já reparou que *cada vez* que lhe preparo um sanduíche, você me critica? "Norma, você não me pôs suficiente alface. O tomate estava maduro? Tem demasiada maionese". Não foi justo que me criticasse». Ele podia ter discutido a expressão *«cada vez»*, mas não o fez. Tinha aprendido que, quando uma mulher está irritada, *«cada vez»* significa «com alguma frequência». Depois disso, passou a elogiar cada sanduíche, e *voilà*, fim do problema.

Faça uma pequena experiência durante uma semana: tome nota de cada vez que critica a sua noiva e de cada vez que a elogia. A primeira cifra deveria ser muito baixa e a segunda muito alta. Se a proporção não for de duas para uma ou maior, chegou o momento de você mudar de comportamento.

Manifeste a sua mágoa racionalmente e com afabilidade

As mágoas são um veneno numa relação. Esforce-se por nunca se magoar. Se a sua namorada o desgostou, veja em primeiro lugar se foi por alguma coisa importante. Se não foi, esqueça. Se foi, diga-lhe com toda a delicadeza: «Estou magoado com você». E explique-lhe a razão. Ou procure um modo simpático de lho dizer[2].

Se dizê-lo pode ser contraproducente, não o faça. Obterá um grande proveito dessa mágoa se lhe tirar importância e souber oferecê-la como um sacrifício a Deus. Guardá-la na memória será prejudicial para a sua psique.

Outro ponto: se você está magoado, não feche a cara nem deixe de telefonar à sua namorada durante uma semana. Aprenda a manifestar-lhe o seu desgosto sem arrasá-la. É preciso reagir racionalmente, sem perder os nervos. Assim você melhorará não só o seu noivado, como também o futuro casamento, e dulcificará toda a sua vida.

Muitos conselheiros recomendam que se exprima o desgosto com frases como: — «Neste momento, sinto-me um joão-ninguém», ou — «Quando você me disse que eu não a entenderia, senti-me muito magoado». Procure sempre manifestar *como* se sente antes de dizer à pessoa o que ela lhe fez. É um bom modo de evitar que se ponha na defensiva.

Outra maneira de apaziguar uma situação que pode causar problemas é começar com uma pergunta: — «Você sabe quem disse à Hortência que eu era um monstro?» Começando com uma pergunta, evita uma acusação.

Um último ponto. Se de repente você se vê sem saber como fazer feliz a sua namorada, *pergunte-lhe por que ela acha o seu comportamento tão desastrado*. Pergunte-lhe como deveria ter reagido em determinada circunstância para fazê-la feliz. Depois, ouça atentamente o que ela lhe diz e faça-o.

---

(2) É preciso evitar que ele ou ela se queixem do namorado ou do cônjuge com os respectivos pais. Os inevitáveis desentendimentos ou atritos iniciais no casamento, muitos dos quais resultam de os namorados não se terem conhecido bem no modo de ser e pensar de cada qual, devem ser resolvidos entre ambos, eventualmente com a ajuda de pessoas isentas que não tomarão o partido de nenhum deles. Os pais tendem a assumir as dores do filho ou filha e a dar-lhes toda a razão, dificultando o acordo entre os cônjuges. Normalmente, é perigoso que o casal more perto demais dos pais da noiva (N. do T.).

O que a Valéria pode fazer

Mas a comunicação tem dupla face. A mulher deve desenvolver a capacidade de dar a saber afavelmente ao homem o que deseja dele, sem pô-lo fora de si. Deve dizer afetuosamente o que lhe agradaria. Gary Smalley conta o caso da mulher que se aborrecia porque o marido passava muito tempo com a família dele: achava que a preferia a ela. Ele dizia-lhe uma vez e outra: – «Você é muito susceptível» ou «você exagera». Tiveram que passar uma temporada longe da família dele e ela esperava que as coisas mudassem. Não foi assim. Houve excesso de telefonemas e visitas. Quando ele lhe disse que tinham a possibilidade de voltar, ela pôs-se a chorar. O marido perguntou-lhe porque chorava e ela respondeu-lhe: «Porque vai repetir-se a preferência pela sua família». Por fim, o marido compreendeu-a e começou a dar-lhe toda a importância. A partir daí, a situação foi melhorando cada vez mais.

Nós, os homens, somos muito toscos. Não compreendemos à primeira, nem à segunda, nem à terceira. Não é má vontade. É falta de sensibilidade. Por isso, as mulheres, em vez de queixar-se e tornar a queixar-se – o que só aumenta a resistência –, devem persistir na amabilidade em repetir o que desejam, e fazê-lo como se fosse a primeira vez.

Aborrecimentos simpáticos

Existe algum modo de uma mulher se aborrecer com o namorado ou o marido sem aspereza e sem entrar em choque? Haverá alguma maneira de ela se agastar e ele achar graça à cara zangada em vez de irritar-se? É claro que sim. Helen Andelin, no seu best-seller *Fascinating Woomanwood*, diz que o caminho é «o aborrecimento de criança»; eu o chamo «aborrecimento simpático».

Basicamente, consiste nisto: a mulher tem um acesso de «zanga adorável», como fazem as crianças. Ameaça o homem de não voltar a falar-lhe, mas, depois de lhe dar as costas, olha para trás para ver se ele a tomou a sério. Semelhante exagero de criança faz com que o homem se ponha a rir e não se sinta magoado. Semelhante descomedimento infantil atrai o homem muito mais do que os modos ásperos de uma mulher amargurada ou do que o silêncio rancoroso[3].

As regras de Andelin incluem:

– Eliminar qualquer acritude, ressentimento, sarcasmo, ódio ou violência.

– Usar somente adjetivos relacionados com a masculinidade do homem, tais como grande, bruto, teimoso, obstinado, animal peludo.... Nunca dizer malandrinho, pateta, debilóide, pequeno, criançola ou imbecil... Quer meça 1,60 ou 1,80, sempre será «grande».

– Exagerar. Por exemplo: «Que faz um brutamontes como você implicando com uma mulher indefesa como eu?» Ou uma ameaça elevada à quinta potência: «Nunca mais voltarei a falar com você»[4].

A autora conta o caso de uma mulher que tivera uma vida conjugal atribulada durante oito anos. A situação melhorou quando ela começou a mostrar-se mais positiva e carinhosa. Aconteceu assim: um dia, o seu marido prevenia um jovem solteiro sobre «as dores de cabeça que lhe trará uma esposa». E continuou a insistir no tema, até que a mulher, que assistia à conversa, se fartou e resolveu armar uma cena «simpática». Deu um pisão no pé do marido e disse-lhe: – «Você, seu animal peludo! Nunca mais vou querer-lhe bem, nunca!» E, enquanto saía da sala, olhou para

---

(3) Helen Andelin, *Fascinating Womanhood*, Bantam Books, Nova York, 1992, págs. 320-321.
(4) *Ibid.*, págs 322, 323.

trás com um meio sorriso. O marido pôs-se a rir, enquanto dizia ao rapaz: – «Ouviu como ela acaba de chamar-me?»

Quando ela entrou no quarto, perguntou-se: – «Ótimo!, mas agora quê?» Em oito anos, nunca tinha pedido perdão ao marido. Porém, passados uns minutos, foi ele que a procurou no quarto e lhe disse: – «Sinto muito, não pensei que feriria os seus sentimentos. Não quer perdoar-me?» Ela escreveu: – «Naquele momento, perdoei-lhe tudo». Dois meses depois, ele entregou-lhe um cartão de parabéns pelo aniversário. Aliás, era a primeira vez que o fazia. Tinha pintado na capa um animalzinho peludo e dentro escrevera: «Feliz aniversário. Carinhosamente, o seu animal peludo»[5].

Há mulheres solteiras que acham tudo isto uma infantilidade, mas muitas outras compreendem a necessidade de aplacar as tensões. Uma mulher que esteja casada há algum tempo tende a perder os sonhos do início. A vida de casado pode ser dura e exige grandes doses de humildade. Não se devem omitir quaisquer pormenores que tragam bom humor, pois, além do mais, são prova de humildade. E deve-se tê-los já desde os tempos de namoro.

Pormenores de bom humor, mas também de delicadeza no modo de reagir. Há uns anos, Arnold Palmer disputava um importante torneio de golfe, e os espectadores conversavam em voz demasiado alta enquanto ele se inclinava para dar a tacada. Soergueu-se. Eu me perguntava o que faria aquele ídolo de massas. Abriu os olhos de par em par, sorriu e, pondo o dedo diante da boca, fez: «Sh-h-h-h». Excelente reação.

Deixar de criticar e não forçar

Outra coisa importante é, como vimos, deixar de criticar e começar a louvar. Isto aplica-se tanto aos homens como às

---

(5) *Ibid.*, págs. 327-329.

mulheres. Não procure mudar nem controlar a outra pessoa. Pode insinuar-lhe o que você gostaria, mas, se ela não muda prontamente, não a force. Seja paciente e decida o que pode aceitar e o que não.

Fui procurado por uma senhora que passava por uns momentos muito difíceis nas relações com o marido. Não há dúvida de que ele fazia algumas coisas erradas e ela o criticava. Perguntei-lhe se ele também fazia algumas coisas boas.

– «Com certeza», respondeu-me.
– «E você tem-lhe agradecido por essas coisas?»
– «A verdade é que não», confessou.

Aconselhei-a a ir para casa e fazer uma lista das coisas pelas quais estava agradecida. E que depois agradecesse diariamente por um ou duas delas. Assim o fez, e em pouco tempo a situação começou a melhorar.

Uma mulher tentava que o seu marido a acompanhasse à igreja. Insistia com ele dia após dia, mas ele resistia. Então montou uma operação com dois dos seus amigos da paróquia. Apareceriam à hora do jantar, na esperança de que ele os convidasse para a refeição. Levavam livros e vídeos. Chegaram no momento exato e ele os convidou, conforme tinham previsto.

Depois do jantar, a esposa disse ao marido: «Seria muito bom que estes dois senhores lhe explicassem o que fazemos na nossa igreja». Ele cedeu por educação, mas, enquanto preparavam o material, desculpou-se e foi ao banheiro. Saltou pela janela e desapareceu. Não voltou naquela noite e no dia seguinte continuava desaparecido.

A mulher estava fora de si e pediu a alguns outros homens da paróquia que procurassem encontrá-lo. Encontraram-no ao cabo de três dias de busca. Não tinha a menor vontade de voltar, mas, graças às amistosas palavras dos homens e à promessa da esposa de que não tornaria a falar-lhe de religião, regressou. Ela manteve a sua promessa.

O marido fez-se amigo de um dos homens que o encontraram e, um dia, disse-lhe que gostaria de saber alguma coisa mais sobre a sua igreja, mas não por meio da esposa. Passou a estudar a fé em segredo e converteu-se. Num domingo, o pastor anunciou que havia um novo membro na congregação, e apareceu o marido. A sua mulher chorava de alegria. A moral da história é a seguinte: se você quer que o seu marido mude, não o amole com isso»[6].

«Senhor, por que nos fizeste tão diferentes?»

Já nos perguntamos alguma vez por que Deus fez tão diferentes o homem e a mulher? Por que não nos fez iguais? Tudo teria sido muito mais fácil!

Estou convencido de que o fez ao menos por duas razões. Em primeiro lugar, para nos preparar para o encontro com Ele, que é totalmente Outro. Costumo dizer aos casados: «Se você acha tão difícil amar a sua esposa, espere até tentar amar a Deus. Ele, sim, é *realmente* diferente». Cada um de nós foi criado para ser o «cônjuge» de Deus. Se queremos merecer a intimidade de Deus, devemos mudar no nosso interior e até virar-nos pelo avesso cem vezes, porque Ele é absolutamente Outro! Ao conceber o matrimônio como a união entre um homem e uma mulher, Ele mostrou até que ponto marido e mulher devem mudar, isto é, «adaptar-se». Felizmente, os dois contam com a graça e a fortaleza divinas para consegui-lo.

A segunda razão é que em Deus se dão todas as virtudes que geralmente associamos ao homem ou à mulher. Torna-se necessária uma aprendizagem das virtudes do outro. Ele tem que aprender doçura, educação, sensibilidade e preocupação pessoal pela esposa. Ela tem que aprender dele a lógica, a disciplina, a firmeza. Quando um homem ou uma mulher possuem todas as virtudes próprias do seu sexo, e aprendem as

---

(6) *Ibid.*, pág 42.

demais do seu cônjuge, chegam a ser pessoas completamente cristãs. Estão preparadas para Deus, para o matrimônio divino, que é o definitivo. Cada matrimônio da terra é assim, de certo modo, uma preparação para o celestial.

Em resumo

Para conservar a paz no noivado e no matrimônio, o homem deve prestar atenção ao coração e aos sentimentos da mulher. Deve pô-la sempre em primeiro lugar, e nunca desprezar as suas opiniões. Deve aprender a manifestar as suas mágoas com educação e sem mostrar-se orgulhoso.

Uma mulher deve fazer saber ao seu homem o que precisa, sobretudo no aspecto emocional, e dizê-lo suavemente uma vez e outra. Quando se magoar, deve manifestá-lo pondo boa cara e, se possível, em tom alegre. Não deve tentar mudá-lo comportando-se negativamente, antes animá-lo no momento em que ele *deseje* melhorar. Deve minimizar as críticas e ser generosa em louvar.

Pecados anteriores e novos começos

Atualmente, parece ser grande o número de solteiros católicos praticantes que cometeram pecados graves antes de regressarem ao Senhor. Como superar o passado quando se encontra alguém especial e se começa a pensar na possibilidade do casamento?

Dois jovens cristãos vinham saindo há algum tempo quando resolveram conversar sobre as respectivas vidas passadas. A moça tinha a impressão de que devia dizer ao namorado que mantivera relações sexuais com três homens e pensara que tinha ficado grávida de um deles. Recorrera a uma clínica de abortos e, quando se preparava para pagar, tinham-lhe dito: «Senhorita, houve um erro, não está grávida». Decidiu dizer ao namorado toda a verdade. Este foi capaz de ouvi-la sem alterar-se, porque já tinha pensado nessa hipótese. Sabia que num mundo invadido pelo sexo teria que enfrentar uma situação semelhante. Mas perguntava-se por que ela lhe contara os detalhes, pois teria ficado mais satisfeito se ela se tivesse limitado a dizer que havia cometido alguns erros no campo da castidade.

Outra jovem, que tinha mantido algumas relações sexuais antes de converter-se, confessou ao seu novo namorado que nem sempre tinha vivido castamente, e ele começou a pressioná-la para que lhe contasse quantos tinham sido os homens, em que circunstâncias, etc. A moça pediu-me conselho e eu disse-lhe que não entrasse em detalhes: «A maior parte dos homens – alertei-a – dizem que querem conhecer os detalhes, mas, quando os têm, não podem suportá-los». E ela negou-se a dá-los, dizendo-lhe que, se contasse mais, acabaria por feri-lo. Casaram-se e formaram uma família feliz.

Outra jovem contraíra uma doença por transmissão sexual (*papilomavirus*) nas suas numerosas aventuras antes de passar a viver na graça de Deus. Saiu com um homem durante dois anos sem lhe dizer que sofria dessa doença. Confessou-lhe que tinha decidido dizê-lo somente quando pensasse na possibilidade de casar-se. O homem não rompeu com ela, mas magoou-o que ela tivesse esperado tanto tempo. Tinha razão: quando se começa um namoro sério, é o momento de revelar uma coisa tão importante como essa. Ocultar semelhante informação pode ser mais tarde causa de nulidade.

Tudo isto conduz a uma pergunta bem importante: O seu/sua namorado/a tem o direito de saber que pecados você cometeu no passado? O meu conselho é que sim, no caso de que cheguem a afetar a relação. Caso contrário, não. Consideremos agora algumas dessas possibilidades.

Pecados sexuais

Deve-se falar dos pecados passados durante as saídas amistosas? Não vejo por quê. Falar do passado só deve importar quando o autêntico namoro vai progredindo. Essas saídas têm a finalidade de averiguar se os dois são compatíveis. Não se deve falar dos pecados passados nem com os amigos, nem com a pessoa com quem se têm inicialmente encontros em nível de amizade.

E se o homem sugere que, já que a moça reconheceu no momento oportuno ter tido relações sexuais com outros homens no passado, deveria fazê-lo também com ele, e assim estabelecer uma espécie de paridade? Que deve fazer a mulher? Simplesmente recusar-se e dizer alguma coisa do tipo: «Surpreende-me que me sugira semelhante coisa. Pensei que você era um bom cristão e que desejava ajudar-me a sê-lo também».

Doenças venéreas

O que acontece quando uma pessoa sofre de uma doença venérea? Já vimos que ocultá-lo pode ser causa de nulidade, mas que não se trata de comunicá-lo nas saídas de amizade, e sim, sem falta, no princípio do namoro. A finalidade é que o namorado/a possa tomar uma decisão racional sobre isso *antes* de que chegue a envolver-se emocionalmente.

De que modo dizê-lo? Suponhamos que uma mulher sofre de herpes. Poderia dizer ao namorado: «Tenho uma coisa a comunicar-lhe, e talvez depois de ouvir-me você queira pôr fim à nossa relação, coisa que compreenderei. Deixe-me começar por contar-lhe que cresci afastada da verdadeira fé. Saía com a maioria dos garotos do colégio e da faculdade. Faz apenas quatro anos que aprendi a fé católica e agora vivo-a plenamente. Para mim, não há nada tão importante como Deus e uma conduta que lhe agrade. Amo a Igreja e compartilho a sua doutrina sobre o sexo, o casamento, a anticoncepção, mas nem sempre foi assim. Tenho uma doença venérea, o herpes. É controlável, mas existem certos perigos... (explique com detalhes os perigos). Quero que o saiba agora, antes que a nossa relação chegue demasiado longe, para o caso de você achar melhor desistir de nos vermos».

É preciso que se esteja preparado para a possibilidade de a relação chegar ao fim.. Algumas doenças, como a AIDS, são tão graves que tornam muito pouco aconselhável o casamento. Outras, como o herpes, podem ser controladas e não excluem o casamento.

Aborto

E se uma mulher abortou? Pessoalmente, não creio que deva mencioná-lo, se foi há muito tempo e se já se acusou dele em confissão, encontrando assim a paz na misericórdia divina. Se isso lhe causa pesadelos ou a preocupa excessivamente, conte-o, porque afetará o namoro. Uma vez mais, é você mesma que terá de tomar a decisão[1].

Homossexualismo e pedofilia

A atividade homossexual passada tem vários aspectos. Se foi uma experiência e não deu origem a uma persistente atração por pessoas do mesmo sexo, eu diria que não é necessário mencioná-lo. Se você sente atração pelo mesmo sexo ou é bissexual, certamente deve contá-lo quando começar o namoro. A menos que se recorra à terapia e se neutralize essa atração pelo mesmo sexo, ele ou ela não devem casar-se. Se o fizessem, seria causa de nulidade.

No mundo de hoje, também podem surgir casos de pedofilia (sexo com pré-adolescentes ou crianças) ou de efebofilia (sexo com adolescentes). É preciso comunicá-lo antes do namoro, já que ocultá-lo pode ser causa de nulidade. Estamos diante de uma das condições que excluem o casamento, já que não se conhece uma terapia psicológica segura para combater essas tendências ou desvios, que poderiam

---

(1) Veja-se sobre o tema do aborto Pedro Juan Viladrich, *Aborto e sociedade permissiva*, 2ª ed., Quadrante, São Paulo, 2018 (N. do T.).

ser desastrosos no caso de as pessoas em questão virem a casar-se e a ter filhos.

Outras coisas do passado

Se um homem ou uma mulher solteiros tiveram um filho e o deram em adoção, devem contá-lo no primeiro dia do namoro.

Quanto ao uso da pornografia no passado, eu diria que não é necessário mencioná-lo, mas, se se converteu em vício, será preciso fazê-lo, pois pode afetar a relação de namoro e certamente o casamento. Todo o viciado em pornografia deveria procurar um bom diretor espiritual que o ajudasse a combater esse hábito corrosivo.

Pecados sexuais recentes

As pessoas podem confessar pecados passados, mas e os recentes? Por exemplo, os de um mês atrás? Essa pessoa está convertida? A única resposta lógica é não, pois uma conversão exige geralmente vários anos. Pode ser o começo de uma mudança, mas só se poderá confiar nela quando tiver transcorrido um bom tempo.

É razoável fazer a pergunta, mas com jeito. É difícil e embaraçoso perguntar: «Quanto tempo passou desde o seu último tropeço pecaminoso?» Seria melhor perguntar: «Há quanto tempo você mudou neste sentido?» Se foi recentemente, tenha cuidado. Há pessoas que se convertem por uma razão de conveniência, especialmente os homens, que são muito estranhos em matéria de castidade. Podem ser as pessoas mais doces e mais corretas sob muitos aspectos, mas estar totalmente obcecadas pelo sexo livre. Os libertinos sexuais não costumam ser bons maridos.

A misericórdia de Deus

Ainda que o pecado seja uma coisa terrível, a misericórdia de Deus excede-o em muito. O Antigo Testamento fala em numerosas ocasiões da misericórdia de Deus. Por exemplo, o Salmo 136 diz: «Louvai o Senhor porque é bom, porque a sua *misericórdia* é eterna». Uma das primeiras encíclicas de João Paulo II foi *Dives in misericordia* – literalmente «[Deus, que é] rico em misericórdia» (cf. Efes 2, 4) – sobre a infinita misericórdia de Deus. O Rosário da Divina Misericórdia, que nos chegou através de Santa Maria Faustina, tem em vista ajudar-nos a compreender a infinita misericórdia de Deus. Deus disse à santa que esse era o seu maior atributo.

Na vida dos pecadores que se converteram e chegaram à santidade, como Agostinho e Maria Madalena, encontramos exemplos maravilhosos da infinita misericórdia de Deus, mas há uma santa cuja vida nos fala, mais do que qualquer outra, dessa misericórdia: Santa Margarida de Cortona. Os que tenham cometido muitos pecados na sua vida passada, a ponto de às vezes duvidarem da misericórdia de Deus para com eles, acharão estimulante a vida desta santa.

Margarida nasceu em Laviano, Toscana (na atual Itália), em 1247. A sua mãe morreu quando ela acabava de fazer sete anos. Seu pai casou-se dois anos depois, mas nem ele nem a nova esposa lhe deram o carinho de que ela precisava. E a adolescente procurava o amor fora de casa com os rapazes da sua cidade. A sua impressionante beleza, unida a uma natureza fogosa, faziam-na irresistivelmente atraente. Gostava de chamar a atenção e entregava-se aos seus desejos lascivos. Antes de completar 17 anos, toda a cidade conhecia as suas aventuras sexuais. Aos 18, fugiu com um nobre e viveu com ele no castelo que este tinha nas colinas de Montepulciano. Ainda que lhe tivesse prometido que se casariam, o jovem nunca o fez, e assim os dois viveram abertamente como amantes durante nove anos.

A reviravolta veio com uma tragédia. Quando Margarida tinha 27 anos, o seu amante não regressou de uma viagem de negócios. Depois de vários dias de busca, um cão conduziu-a até o corpo do nobre, assassinado e coberto de folhagem no bosque. Margarida gritou e desmaiou. Após recuperar-se, encarou diretamente o tema da sua própria morte, do seu destino. Onde estava agora a alma do seu amante? Onde iria ela parar por toda a eternidade?

Deixou o castelo e decidiu mudar de vida. Foi a Cortona e lá recebeu a graça de encontrar um sacerdote bondoso e compreensivo, que a ouviu em confissão. Começou a rezar e a ter uma vida de profunda penitência, vestindo-se com farrapos, dormindo no chão com uma pedra ou um pedaço de madeira por travesseiro, e procurando humilhar-se de todas as maneiras. Quando pediu a Deus que lhe tirasse a beleza, o Senhor negou-se, dizendo-lhe que desejava que a empregasse para que os pecadores a procurassem e se convertessem.

Com o passar do tempo, foi capaz de aproximar-se cada vez mais profundamente do Senhor por meio da oração e da penitência. Certa vez, quando havia já muitos anos que vinha lutando por alcançar a santidade, o Senhor disse-lhe: «Minha filha, colocar-te-ei entre os serafins, entre as virgens cujos corações estão em chamas pelo amor de Deus».

– «Como pode ser isso – perguntou Margarida –, se eu me manchei com tantos pecados?»

– «Minha filha, as tuas muitas penitências purificaram a tua alma de todos os efeitos do pecado, a tal ponto que a tua contrição e os teus sofrimentos te devolveram a pureza das virgens».

Passado algum tempo, o Senhor apareceu-lhe com os seus anjos, e estes entregaram-lhe um vestido branco, um anel de noivado e uma coroa. Jesus declarou-lhe: «És minha esposa». Diz-se que este «matrimônio místico» é o estado espiritual mais elevado possível, em que a alma é perfeitamente consciente da presença e do amor de Deus.

Em 22 de fevereiro de 1297, após 23 anos de oração, penitência e ajuda prestada aos doentes e aos pobres, Margarida morreu serenamente, aos 50 anos de idade. Quase imediatamente, começaram a surgir milagres à volta do seu túmulo, entre eles o regresso à vida de doze pessoas. O seu corpo, incorrupto até o dia de hoje, pode ser visto junto do altar-mor da Basílica de Cortona. Foi canonizada em 1728.

Que impressionante, essa misericórdia de Deus capaz de levantar-nos das profundezas do pecado e elevar-nos até às alturas da santidade, como fez com Margarida! É verdade que, quando procuramos e recebemos o perdão, ainda temos um longo caminho a percorrer para reparar os nossos pecados. Mas nada há tão doce para o pecador como percorrer esse caminho de regresso à profunda e pacífica intimidade com Deus, íntimo esposo da nossa alma que sempre nos receberá de volta.

Pecadores convertidos

Os pecadores convertidos podem chegar a ser bons esposos? É claro que podem, sempre que se tenham realmente convertido. Há uns anos, uma jovem deu uma palestra sobre a castidade na nossa diocese e comentou que os seus melhores colaboradores na promoção da castidade através do país eram pecadores convertidos. Aliás, quem foi que deu o maior impulso ao cristianismo? São Paulo, um converso depois de ter sido um perseguidor de Cristo.

Se você é um pecador convertido e procura reconstruir a sua amizade com o Senhor por meio da oração, da assistência à Missa e da penitência, não fique de cara murcha. O Sangue de Cristo lava-nos a consciência! Se você passou a viver em Cristo, pode vir a ser um grande companheiro na vida conjugal. O próprio Deus o convidou para que seja dEle através do matrimônio e, se perseverar, será exatamente isso.

Em resumo

É possível que revelar à pessoa amada os pecados passados seja uma boa ideia, especialmente se se tem o propósito de vir a casar-se com essa pessoa. Mas não se deve entrar nos detalhes, porque com isso quase sempre se dá lugar a problemas. Seja consciente da infinita misericórdia de Deus. Se é um pecador convertido e vem esforçando-se por apagar os seus pecados por meio da oração e da penitência, mantenha a cabeça alta. Cristo não morreu em vão!

Como aceitar que se continue solteiro

Um fenômeno que nos últimos dez ou vinte anos percebi entre os católicos solteiros é a procura obsessiva por um cônjuge. Pode ser o caso da mulher que teme ficar mais velha, e se o seu Príncipe Encantado tarda em chegar, não poderá ter filhos. Ou do homem que não conseguiu encontrar a mulher perfeita e se sente infeliz. Em ambos os casos, estão obsessionados por encontrar a pessoa adequada. Há quem chegue até a casar-se com alguém absolutamente inapropriado, pensando que semelhante relação é melhor do que nenhuma.

Tudo isso revela uma séria falta de confiança em Deus. Deus tem um plano para cada um, e preparou as coisas para o nosso bem, sempre que o amemos. São Paulo diz que *todas as coisas concorrem para o bem daqueles que amam a Deus* (Rm 8, 28). Acreditamos nisso? Se é assim, basta que digamos a Deus, seja qual for a idade que tenhamos: «Senhor, obrigado por não me ter casado até agora. Sei que isto servirá para o meu bem, porque te amo».

Na Sagrada Escritura, o Senhor diz-nos repetidamente que está bem junto de nós e que devemos confiar nEle: *Bem-aventurado o homem que confia no Senhor e que põe nEle a sua esperança. Assemelha-se à árvore plantada à beira do riacho, que estende as raízes para a corrente; se vier o calor, não temerá e a sua folhagem continuará verdejante; em ano de seca, não se inquietará, pois continuará a dar frutos* (Jer 17, 7-8).

Mateus diz-nos também: *Olhai as aves do céu, que não semeiam, nem ceifam, nem recolhem nos celeiros, e o vosso Pai celeste as alimenta. Não valeis vós muito mais que elas? Qual de vós, por mais que se esforce, pode acrescentar um só côvado à sua estatura?* [...] *Não vos aflijais nem digais: «Que comeremos? Que beberemos? Com que nos vestiremos?» São os pagãos que se preocupam com todas essas coisas. Bem sabe o vosso Pai celestial que precisais de todas elas* (Mt 6, 26-32).

Podemos imaginar Jesus dirigindo-se aos cristãos solteiros com estas palavras: «Não vos preocupeis por não saberdes quando ou com quem ides casar-vos. O vosso Pai celestial sabe que quereis um cônjuge bom e piedoso. Buscai primeiro o Reino de Deus e a sua justiça, e também isso vos será dado».

Talvez esta outra citação seja mais apropriada para os cristãos solteiros que andam preocupados: *Espera no Senhor e pratica o bem; habita a terra e apascenta em plena segurança. Põe no Senhor as tuas delícias, e Ele atenderá aos desejos do teu coração. Confia ao Senhor os teus caminhos, espera nEle, e Ele agirá. Tranquiliza-te no Senhor e põe nEle a tua esperança* (Sl 36, 3-5, 7).

Buscai primeiro o Reino

Como traduzir em realidades tudo isto? Em primeiro lugar, é necessário buscar o Reino de Deus. Como você o fará? Pois bem, comece pela oração, pela autêntica oração. Essa oração exige um certo tempo. Se você busca verdadeiramente o Reino de Deus, a sua oração deve refletir essa exigência, deve ser olhada como a pérola de grande valor de que nos fala Jesus (cf. Mt 13, 46-47), porque merece que você a anteponha a tudo o mais.

Como pessoa solteira, a sua situação é única a respeito do emprego do seu tempo. Você tem mais tempo do que nunca, até que se aposente. Não o malbarate olhando abatido à sua volta, sentindo-se triste por não ter encontrado a pessoa ideal. É o tempo próprio para adquirir uma profunda vida de oração.

Depois de ter conseguido orar diariamente quinze ou vinte minutos, pense na possibilidade da Missa, também diária. As suas ocupações não o permitem? O problema não é insolúvel: peça ao Senhor que lhe mostre o modo de resolvê-lo. Eu também achava que não tinha tempo. Se já me custava levantar-me cedo para chegar pontualmente ao trabalho, quanto mais se passasse a ir antes à Missa das sete! Um dia, o Senhor sugeriu-me que o tentasse e visse se a minha saúde, que nunca foi robusta, poderia sobreviver. Não somente sobreviveu, mas melhorou. Comecei a ir à Missa diariamente há vinte e cinco anos, e não morri. Foi uma das maiores alegrias da minha vida. Muitos, muitos dos nossos jovens católicos solteiros, homens e mulheres, começaram a fazer o mesmo, e isso tem sido uma grande fonte de bênçãos para as suas vidas. Portanto, abra um pouquinho o seu coração à possibilidade da Missa diária agora, enquanto está solteiro. Peça ao Senhor que faça você generoso/a neste ponto. Verá a grande surpresa que há de ter.

Ler os escritos dos santos

Uma das coisas que você pode fazer para manter altas as suas motivações religiosas consiste em ler não só a vida, mas os escritos dos santos. Isto é extraordinariamente importante se deseja progredir na vida espiritual. Faça-o agora, enquanto está solteiro, e avivará no seu coração o desejo de uma intensa vida interior. E mais do que obsessionar-se por encontrar um bom cônjuge, centrar-se-á na sua salvação e avançará em direção à sua meta.

Procurar apoio para viver a fé

Tanto como ler escritos dos santos, ajudá-lo-á a manter viva a fé encontrar bons amigos que a compartilhem consigo. Muitos católicos solteiros se sentem sozinhos porque, num mundo paganizado, lutam por viver a sua fé sem apoiar-se em algum grupo. Se você deseja ter um autêntico namoro cristão, deve rodear-se de pessoas que tenham a sua fé, de amigos que lhe permitam participar de uma «família» de católicos, de pessoas com as quais possa ter uma verdadeira vida social cristã.

Nos começos dos anos noventa, criamos dois grupos na região de Washington DC: uma para homens, chamado St. Lawrence Society, e outro para mulheres, chamado St. Catherine Society. Tinham por fim ajudar homens e mulheres a encontrar nesses grupos ajuda mútua para viverem a fé.

A Sociedade de Santa Catarina, chamada assim em honra de Santa Catarina de Alexandria, padroeira das mulheres solteiras, começou em 1992 e, quase desde o princípio, as associadas compreenderam que podiam ser abertamente católicas, sem se preocuparem com o que os outros pensassem. – «Padre, é uma alegria muito grande fazer parte deste grupo. Aqui sinto-me... segura!» Era alegre, cheia de vida, e praticava verdadeiramente a sua fé. Tempos depois, encontrou-se com o antigo namorado para tomarem um café, e este perguntou-lhe se continuava a praticar a sua fé.

– «É claro», replicou ela.
– «Vai à Missa todos os domingos?»
– «Para falar a verdade, vou diariamente».
– «Sem sexo?»
– «Sem sexo».

Ele não estava disposto a fazer o mesmo, mas ficou impressionado. Era uma mulher atraente e elegante, de sucesso, bem integrada no mundo, e que vivia ativamente o seu amor a Deus. Mais de 60% daquelas mulheres tinham uma sólida vida de piedade. Todos desejavam ir às suas festas porque eram alegres e entretidas, e se passava muito bem em companhia delas.

A Sociedade de São Lourenço, chamada assim em honra de São Lourenço, o padroeiro dos homens solteiros, é também vibrante. Mais da metade dos seus membros vai à Missa e faz oração diariamente, e quase todos vêm aprofundando nos fundamentos e consequências da sua fé. Um membro recente dessa sociedade comentava há pouco, a propósito do grupo: «Nunca vi nada igual em outra cidade. Aqui vocês criaram um ambiente maravilhoso».

Espero que muitos dos jovens católicos que leiam este livro se animem a formar grupos semelhantes nos seus bairros. Ajudá-los-á a fazer bom uso dos seus anos de solteiros, crescendo na fé e polindo as virtudes da convivência. Agradarão a Deus e, ao mesmo tempo, melhorarão a qualidade do seu comportamento na vida social: serão mais simpáticos.

Concretizar metas de trabalho

O tempo de solteiro é um bom momento para estabelecer metas de trabalho. Se você está contente com a sua profissão, é o momento de adquirir e atualizar os conhecimentos ou técnicas de que necessite para crescer nela. Este é o período de firmar-se na sua vida profissional, não depois de começar um namoro ou, menos ainda, depois de estar casado.

Aprender a viver com simplicidade

Uma das maiores causas de problemas matrimoniais é o dinheiro. Agora é o momento de você aprender a ser responsável, de economizar para adquirir uma casa. Muitos jovens são tremendamente perdulários com o seu dinheiro quando estão solteiros, e depois, quando se casam, lamentam não terem sido um pouco mais prudentes.

No seu livro, *The Simple Living Guide*, Janet Luhrs sublinha com acerto que «viver com simplicidade é viver prudentemente. Você tem de *escolher* o seu modo de vida, ao invés de andar por ela com um piloto automático [...]. Qualquer que seja o nível dos seus vencimentos, guarde uma parte considerável. Viver com simplicidade significa ter dinheiro no banco e manter o cartão de crédito no azul [...]. *Viver profundamente* significa estar envolvido [...], estreitamente ligado às pessoas, aos lugares e às coisas da vida. Quando você tiver um estilo de vida mais simples, terá espaço e tempo para conhecer e amar as pessoas desse modo mais profundo [...]. Rodear-se-á das pessoas de quem gosta e que o estimam por ser mais maduro no seu interior».

Gastar moderadamente, investir com prudência, viver com simplicidade, ser generoso com os pobres e com a Igreja são facetas que fazem parte da vida cristã. Não são matérias opcionais. Agora é o momento de você aplicar a fé ao modo de administrar os seus gastos. Desse modo, ir-se-á preparando não só para o matrimónio, mas também para o Reino.

Viver modestamente não é algo que tenha a ver somente com o dinheiro. Também se aplica ao tempo. Janet Luhrs observa que a nossa onipresente «escassez de tempo é realmente uma escassez de intimidade. É muito mais fácil estar freneticamente ocupado do que amar e conhecer em profundidade os outros e conhecer-se a si próprio. Quando vivemos numa pressa constante, não reservamos tempo para esmerar-nos no trato com os outros e ocupar-nos realmente deles. As relações precisam de tempo para alimentar-se».

A intimidade e as relações são coisas que nos realizam como pessoas: são as coisas que nos trazem uma autêntica felicidade. Há pessoas solteiras tão hiperativas que não são capazes de parar um pouco e relacionar-se com os outros. Muitas, muitas pessoas – solteiras e casadas – têm que reduzir a velocidade e reservar tempo para «cheirar as rosas» de uma amizade serena e tranquila. Que importante é isto para a saúde psicológica e espiritual!

Não sobrecarregue o seu dia com demasiadas coisas que fazer. Pense que várias dessas coisas raramente são imprescindíveis. Relaxe. Passe bons momentos ou até horas em conversas aprazíveis. A vida será muito mais doce e você poderá levar adiante o seu namoro.

Acabar com o excesso de televisão

Quando eu era um engenheiro jovem, voltava do trabalho para casa pensando no trabalho e, enquanto cozinhava e jantava, ligava a televisão e mantinha-a ligada até bem avançada a noite. Eram noites inteiras desperdiçadas. Por fim, dei-me conta da minha insensatez e comecei a jantar na sala de jantar enquanto lia um livro ou uma revista. Foi um grande passo. De um dia para o outro, passei a ter muito mais tempo para viver a minha vida, para fazer as minhas orações e estar com os amigos. E, além disso, deixei de estar sob a influência da duvidosa moralidade da televisão.

Portanto, se você quiser ter uma vida piedosa e eficaz, desligue a televisão, a não ser que haja algum programa realmente bom. Escolha os programas cuidadosamente. Aproveite o tempo lendo ou conversando com os amigos.

Em resumo

Se você está solteiro, não é o momento de pensar ansiosamente no casamento, mas de conseguir ser melhor pessoa. Esforce-se por relacionar-se com Deus por meio da oração, da Missa diária – sempre que seja possível – e dos sacramentos. Procure apoio para a sua fé na leitura de livros que tratem de temas de espiritualidade e frequente algum grupo de formação católica, ou pelo menos trave amizade com outros católicos autênticos que o ajudem a viver a fé com mais facilidade. Concretize as suas metas profissionais e dê os passos necessários para alcançá-las. Vigie os seus gastos e não desperdice o tempo com frivolidades, que assim gozará de liberdade e maturidade para cultivar amizades boas e enriquecedoras. Deixe de ligar automaticamente a televisão quando voltar para casa. Se fizer tudo isso enquanto está solteiro, estará bem preparado para quando aparecer a pessoa adequada com quem casar-se e, o mais importante, agradará a Deus.

O matrimônio cristão (I):
O amor, fonte do matrimônio

Algumas das questões sobre o matrimônio que se vão expor nos próximos capítulos podem parecer um pouco prematuras, já que o nosso tema é o namoro e não o matrimônio. No entanto, é importante que você pense agora nisto, antes de se casar. Depois, quando já estiver casado, terá uma ideia do que se trata e estará preparado. Já se tomaram muitas decisões errôneas porque os casais não tinham pistas sobre o que se avizinhava e, quando tiveram que decidir, se limitaram a fazê-lo «de acordo com o mundo». Quanto mais longe de Deus estiver o mundo, mais numerosos serão os erros que se cometam, especialmente no que se refere ao matrimônio. Naturalmente, o objetivo do namoro é chegar a descobrir e a construir uma relação com vistas ao matrimônio. Se você pensa em manter um namoro cristão, será acertado refletir sobre como é um bom casamento cristão.

Em primeiro lugar, *para que* serve o matrimônio? «O matrimônio e o amor conjugal ordenam-se pela sua própria índole para a procriação e educação dos filhos»[1]. Dessa forma, o marido e a mulher, que pelo pacto conjugal *já não são*

---

(1) *Gaudium et spes*, n. 50.

dois, mas uma só carne (Mt 19, 6), conseguem, pela união íntima das suas pessoas, ajudar-se e amparar-se mutuamente, adquirir consciência da sua unidade e realizá-la cada vez mais plenamente. Ao cumprirem a sua missão conjugal e familiar, os esposos aproximam-se cada vez mais da sua própria perfeição e mútua santificação e, portanto, conjuntamente, da glorificação de Deus.

Como dizer isto de uma forma mais simples? *O matrimónio é uma instituição em que marido e mulher se comprometem a servir um ao outro por meio do amor ao longo de toda a vida, a crescer em santidade e a criar filhos para Deus.*

O Sacramento-compromisso

Por que a taxa de divórcios nos Estados Unidos anda à volta dos 50%, e cerca de 75% moraram juntos antes de se casarem?[2] Talvez a única razão seja que muitos ignoram que o matrimónio é uma grande obra que se empreende. As promessas no casamento são uma grande responsabilidade.

Certa vez, recebi a visita de uma senhora cujo marido a havia abandonado um ou dois anos antes. Ele desejava voltar, mas ela estava muito magoada porque lhe tinha causado um mal terrível tanto a ela como aos seus pais. Desejava saber que passos dar para obter uma declaração de nulidade. – «Não posso recebê-lo de volta», dizia.

---

(2) David Popenoe e Bárbara Dafne Whitehead, professores de Ciências Sociais na Rutgers University, mencionam um estudo de 1992 segundo o qual os casais que coabitaram antes do casamento têm uma taxa de divórcios 46% mais alta do que os que não o fizeram («Should We Live Together?», em http://cohabitors.rutger.edu). Há quem afirme que os que desejam coabitar no tempo de namoro são os menos dispostos a casar-se. É evidente! A Igreja não sugere que as pessoas deixem de coabitar por razões mundanas. Nós animamos a adotar autênticas atitudes cristãs com relação ao sexo e ao matrimónio e, portanto, a evitar a coabitação e uma taxa de divórcios de aproximadamente 74%.

Abri a Bíblia e li-lhe uma passagem do Gênesis: *Por isso o homem deixará o pai e a mãe para se unir à sua mulher; e já não serão mais que uma só carne* (Gn 2, 24).
– «Você fez uma promessa, não fez?», perguntei-lhe.
– «Sim».
– «Diante de Deus?»
– «Sim».
– «Então, não acha que deve fazer tudo o que esteja ao seu alcance para cumprir essa promessa?»
– «Parece-me que sim. Mas, e os meus pais? Como aceitar o que ele lhes fez?»
– «Um homem deixa o pai e a mãe para unir-se à sua esposa», repliquei.
– «O senhor quer dizer que devo estar mais unida ao meu esposo do que aos meus pais?»
– «Isso mesmo», disse-lhe. «Uma mulher casada não pode permitir que um membro da sua família, mesmo que seja a sua própria mãe, se interponha entre ela e o marido, exceto talvez para salvar-lhe a vida. Ninguém deveria pensar que ele ou ela devem ser mais leais aos seus pais ou a qualquer membro da família do que ao seu próprio cônjuge. O casamento cria um vínculo sagrado que transcende muito os laços familiares».

Ela recebeu de volta o marido. Tiveram algumas dificuldades, mas continuam juntos.

Surpreende-me a frequência com que as pessoas esquecem o que prometeram no dia do seu casamento. Aquela mulher teria ficado feliz se eu lhe tivesse dito que podia requerer uma declaração de nulidade, mas não era esse o plano de Deus. Jesus falou sobre o matrimônio do seguinte modo: *O homem não separe o que Deus uniu* (Mt 19, 6). *Todo aquele que abandonar a sua mulher e se casar com outra, comete adultério; e quem se casar com a mulher rejeitada também comete adultério* (Lc 16, 18).

Esquecem-se muito rapidamente as promessas feitas no casamento. São um compromisso que os esposos assumem diante de Deus para se servirem mutuamente no amor até à morte; são um sinal, um sacramento que reflete o pacto de amor entre Cristo e a sua Igreja, entre Deus e o seu povo. Mas, infelizmente, quando as coisas ficam difíceis, os cristãos comportam-se como o resto do mundo.

Devemos ter em conta que todo o compromisso não só é uma restrição da liberdade, mas também uma manifestação de liberdade. Se você nunca se compromete, a sua liberdade não tem valor. *«Tout choix est un sacrifice»*, «toda a escolha é um sacrifício», como dizem os franceses. Mas, se nunca escolhemos, para que serve a nossa liberdade? Escolher, comprometer-se e manter o compromisso é o exercício mais nobre da nossa liberdade.

Qualquer compromisso com uma pessoa, com uma amizade, com um amor, cria vínculos. Amar a Deus significa fazer muitas coisas que não faríamos e evitar outras que quereríamos fazer. Você não pode relacionar-se com alguém sem limitar de algum modo o seu comportamento. E manter relações com Deus, com o cônjuge e com os outros é a única forma de nos completarmos como pessoas. Não é o êxito, nem são a fama, a saúde ou o prazer, mas somente as boas relações, que nos farão felizes.

Pense nas promessas que você e o seu cônjuge fizeram um ao outro no seu casamento. – *«Eu, João, te recebo, Luísa, por minha esposa, e te prometo ser fiel, amar-te e respeitar-te, na alegria e na tristeza, na saúde e na doença, todos os dias da minha vida».*

Que promessa formidável! Se você quer casar-se, pense que essa promessa é por longo tempo e difícil.

Ser-lhe-ei fiel na alegria e na tristeza. Isto significa que lhe serei fiel quando as coisas não correrem bem entre nós. Ser-lhe-ei fiel quando acabar o dinheiro, quando você chegar tarde a casa, quando ambos formos penosamente infelizes. Estarei ao seu lado quando você engordar, quando estiver com cabelos brancos, quando ficar careca, quando perder a beleza.

O casamento não é um modo de eu maximizar o prazer, mas de obedecer a uma chamada de Deus que me pede para amar generosamente a pessoa do meu cônjuge e para alcançar com ela a santidade. Não se trata de extraírem juntos todo o gozo e prazer do amor passional, mas de construírem uma amizade serena, tranquila e duradora através de uma entrega bondosa, amável e generosa, sobretudo quando custa, e de se gastarem juntos criando uns filhos piedosos. E através de tudo isso, ajudarem-se mutuamente a crescer em santidade.

Ser-lhe-ei fiel na saúde e na doença. Isto significa que lhe serei fiel mesmo que você venha a sofrer de esclerose múltipla ou de outra grave doença que o obrigue a ficar de cama pelo resto da vida. Estarei ao seu lado quando você usar um andador ou estiver numa cadeira de rodas. Estarei ao seu lado para cuidar de você.

Amá-la-ei e respeitá-la-ei todos os dias da minha vida. Dito de outro modo, trabalharei diariamente pelo seu bem, pela sua felicidade, aconteça o que acontecer, sem me importar de que na noite passada você tenha sido desagradável comigo, sem me importar de que me tenha magoado. Lutarei sempre pelo seu bem. E não só a amarei, como a respeitarei: respeitarei a sua dignidade; não a tratarei com desprezo ou como a um inferior; considerarei você como pessoa muito valiosa para mim. E assim farei todos os dias da minha vida.

Esta é a promessa que você fará diante de Deus, junto do altar. Por outras palavras, é uma promessa que fará ao seu cônjuge, mas que neste caso terá a Deus por testemunha, e, se deixar de cumpri-la, incorrerá numa falta muito mais grave do que a da ruptura de um compromisso ou de um contrato. Repito: você vai dar a sua palavra ao seu cônjuge diante de Deus.

Medite nisto longa e profundamente. Está realmente disposto a adquirir semelhante compromisso? Tem a disposição necessária – a firmeza de caráter – para manter semelhante promessa? Medite em tudo isto durante meses antes de marcar a data do casamento. E se não estiver disposto a empenhar toda a sua força moral, psicológica e física em cumprir a sua promessa, não dê esse passo. Você pode não estar seguro de que se vai casar com a pessoa certa, mas deve estar absolutamente seguro do seu desejo de levar adiante o seu matrimônio. É a empresa da sua vida. Não a encare levianamente.

O compromisso matrimonial não diz respeito apenas aos cônjuges. É um sinal, que se dá ao mundo, do amor entre Cristo e a sua Igreja (Ef 5, 32). Cristo quereria alguma vez abandonar a sua Igreja? Não disse Ele que estaria sempre conosco, até o fim do mundo? (Mt 28, 20). E não o fará? Você e o seu cônjuge são um símbolo, para o mundo, do amor recíproco entre Deus e a sua Igreja. Estará você disposto a encarnar esse símbolo? Quererá de verdade trabalhar por essa relação mais do que por qualquer outra coisa que tenha feito ou possa fazer na sua vida? Estará disposto a engolir o seu orgulho cem vezes por ano e assim construir uma paz amorosa no seu lar? Estará disposto a dizer: «Amo você» à pessoa que lhe disse coisas muito desagradáveis e que se vem portando ultimamente como o seu pior inimigo? Estará disposto a tudo isso pela simples razão de *ter prometido* amá-lo/a?

Pense na imensidão de semelhante promessa quando pretender casar-se depois dos meses de namoro. Pense na vastidão dessa promessa quando pretender casar-se aos 21 ou 22 anos. Pense no conselho de muitos dos seus amigos e familiares, quando disserem que essa pessoa que você escolheu é problemática. Pense quando pretender casar-se com alguém que não tem fé, que não suporta Deus. Reze pelo seu casamento e para que pronuncie a sua promessa com uma profunda consciência, disposto a mantê-la até à morte. E reze para que a pessoa com quem venha a casar-se faça o mesmo, porque isto é o que significa chegar ao *sacramento* do santo matrimônio.

Respeite o seu cônjuge

Você o prometeu ao casar-se. Deve defender sempre a dignidade de pessoa humana do seu cônjuge. E fá-lo-á, não somente porque ele/a o mereça, mas porque prometeu fazê-lo junto do altar de Deus.

Como consegui-lo? Decida agora, muito antes do seu casamento, ser sempre educado com o seu cônjuge, não se esquecer de dizer habitualmente «por favor», «obrigado», «você foi muito amável». É difícil, sem dúvida, tê-lo sempre presente: adquirir esse hábito pode levar várias semanas, meses talvez, mas quando o conseguir, sair-lhe-á espontaneamente, sem esforço; mantê-lo-á como se disso dependesse a sua vida, e terá um tesouro conjugal.

Inventem nomes carinhosos para dirigir-se um ao outro. Um dos meus amigos chama «namorada» à sua esposa, embora estejam casados há quarenta anos. É um pormenor que pode dar calor ao coração depois de longos anos de convivência matrimonial.

Tudo isto faz parte do respeito pelo seu cônjuge. Quando se casar, respeite-o/a diariamente. Lembre-se: você prometeu.

Revele a sua insatisfação delicadamente

Outro fator que leva ao respeito mútuo consiste em manifestar sem ferir que você não está contente com determinada conduta dele ou dela. Sugiro-lhe três regras simples para manter a harmonia:

1. Procure ser ameno/a e ter bom humor. Você pode chiar por dentro pelo modo desagradável com que o seu marido lhe pede que faça isto ou aquilo. Em vez de retrucar com um: – «Como se atreve a falar-me assim?», coisa que pode desencadear uma tormenta, diga algo parecido com

isto: – «Bem, meu querido, penso que você poderia dizê-lo de um modo mais amável, não acha?»

2. Medite antes de abrir a boca: Que diriam Jesus ou Maria diante desta situação?

3. Escolha o momento adequado. Por exemplo, se vir que a sua esposa disse algo absolutamente inapropriado a um filho, contenha-se e, mais tarde, quando estiver a sós com ela, diga-lhe algo parecido com isto: – «Amor, podemos falar um pouco do que você disse ao nosso filho esta manhã?»

E se o seu marido lhe propuser um plano de investimentos sem pés nem cabeça? Antes de lhe dizer o que pensa – «Isso é uma estupidez» –, seja prudente. Diga: – «Bem, vamos pensar um pouco mais nisto, querido». Com um pouco de sorte, quando *ele* pensar um pouco mais, verá que é um plano insensato. Ainda que não o faça, você terá tempo para encontrar a maneira de lhe dizer amavelmente que acha que é uma loucura. Lembre-se: um dos modos de respeitar alguém consiste em ter palavras que construam, não que derrubem.

Fidelidade

Como é que você irá proteger a sua fidelidade na vida matrimonial? Há quem possa pensar: «Bem, isso não será problema. Serei fiel e pronto». Quem dera! O matrimônio é um projeto a longo prazo e os casais podem passar por períodos prolongados de má comunicação, de pequenos atritos, de hostilidade. Nesses momentos, a infidelidade pode chegar a ser uma autêntica tentação.

Há dois tipos de infidelidade: a física e a mental. À primeira chamamos adultério, e à segunda «adultério mental», que pode ser tão prejudicial como a primeira. A segunda não implica sexo, mas supõe que uma outra pessoa, à margem do seu casamento, satisfaz as suas necessidades emocionais.

Frequentemente, os cônjuges parecem deslizar por esta encosta sem saber bem como foi que aconteceu. Costuma acontecer quando as coisas não andam bem em casa, mas nem sempre. Você viaja com uma colega para participar de um congresso, ou vai almoçar com ela, e o seu coração começa a bater com mais força. De repente, essa pessoa parece-lhe muito mais compreensiva, muito mais atenciosa e delicada do que a sua esposa (logicamente, se você chega a abandoná-la e a casar-se com outra, ao cabo de dez anos haverá alguém muito mais compreensivo, etc.).

Como evitar esse desastre? Em primeiro lugar, empregando todos os meios para que as coisas corram bem no seu lar. Pode ser útil ler livros ou artigos de bom critério sobre comunicação. Se aparecerem problemas, peça ao seu sacerdote que o ajude e, se for necessário, procure o conselho de um profissional.

Mas, ainda que as coisas corram bem em sua casa, convém que tome certas cautelas. Um princípio importante que deve ter presente é o de não ficar sozinho, desnecessariamente, com alguma pessoa do sexo oposto durante um prolongado período de tempo ou em períodos sucessivos. Uma senhora contou-me que amava o seu marido, mas que se tinha apaixonado pelo seu chefe. Estava confusa. Perguntei-lhe se de vez em quando saía com ele para almoçar. Disse-me que sim. Aconselhei-lhe: «Evite o mais possível ficar a sós com ele e cuide de não pensar nele. Esse sentimento passará em poucos meses».

Há pessoas muito ingênuas que consideram desnecessária semelhante precaução. Ou talvez sejam também demasiado soberbas. Pensam: «O meu casamento é muito firme. Não preciso dessas cautelas». Essas pessoas correm o maior risco: *torres mais altas já caíram...*

O que um marido pode fazer pela sua mulher

Há certas coisas reservadas a um marido. A primeira, fazer com que a esposa saiba que ele a ama. Qual é o modo mais eficaz? Dizendo-lhe com frequência: «Amo você», quer sinta ou não. E depois, tratando o coração dela com o máximo respeito e a maior ternura, como vimos atrás. Isto é melhor que enviar-lhe rosas, comprar-lhe um carro novo ou construir-lhe uma casa na montanha. Todas estas coisas são bonitas, mas a maioria das mulheres me diz que não são necessárias. Do que precisam é de afeto e também de compreensão, quando por algum motivo se sentem tristes.

Se ela se zanga com você, *não procure defender-se*. Corra para junto dela e diga-lhe que lamenta tê-la magoado, embora você tenha toda a razão do mundo. Quando as coisas se tiverem acalmado (pelo menos um ou dois dias mais tarde), sempre poderá dizer-lhe: «Querida, preciso que me aconselhe como devo fazer das próximas vezes para que você não se irrite».

Por outro lado, «o amor conjugal – afirma o Concílio Vaticano II – exprime-se e aperfeiçoa-se de maneira singular pelo ato próprio do matrimônio. Por isso, os atos com que os cônjuges se unem íntima e castamente são honestos e dignos. Quando realizados de maneira verdadeiramente humana, testemunham e desenvolvem a mútua doação pela qual os esposos se enriquecem num clima de gozosa gratidão»[3].

Ao dizer que o ato próprio do matrimônio «exprime» e «aperfeiçoa» o amor conjugal, o Concílio afirma que o ato sexual declara e revela a existência desse amor, e, ao aperfeiçoá-lo, modela o seu futuro. Portanto, o ato deve ser realizado de um modo que seja realmente humano, isto é, que tenha como prioridade, não comprazer-se a si próprio, mas comprazer *o outro*, e que ajude a aumentar o amor entre homem e mulher. Não só será o *fruto* do compromisso matrimonial para toda a vida, mas um modo de fortalecer e alimentar esse amor.

O ato conjugal baseia-se, pois, em um e outro se adaptarem às necessidades mútuas. Para o homem, aprender a adap-

---

(3) *Gaudium et spes*, 49.

tar o seu amor significa cumprir as promessas matrimoniais de amar e honrar a esposa. Deve alegrar-se ao fazê-la feliz nesse ato de intimidade, o que não é fácil, porque lhe exige um autêntico autocontrole.

A teologia moral católica reconhece a diferença que há entre o homem e a mulher quanto ao tempo de estimulação, e permite ao homem que estimule a esposa imediatamente depois de ele ter alcançado o clímax, para se certificar de que também ela o alcança[4]. Logicamente, isso não será necessário se o homem se acomoda adequadamente à sua mulher. É algo que faz parte do respeito que lhe deve.

Em outubro de 1951, num discurso dirigido às esposas, Pio XII fazia-se eco desse respeito no que se refere aos casais de hoje: «Há quem afirme que a felicidade no matrimônio está em proporção direta com o prazer recíproco nas relações conjugais. Não é assim: a felicidade no matrimônio está em proporção direta com o respeito mútuo, mesmo nas relações íntimas...»

Uma coisa mais. Como disse uma futura esposa, «desejo ter relações amorosas por meio de palavras antes de tê-las fisicamente». Mostra-se inteligente o marido que tem por um certo tempo palavras e gestos de carinho com a esposa, antes de ter relações. O melhor sexo não é o mais apaixonado, mas o mais pessoal.

Mesmo no leito conjugal, o amor requer a morte do eu, especialmente por parte do homem, que é quem costuma ter a iniciativa do ato de amor. Se morrer para si neste sentido, terá uma vida nova com a sua agradecida esposa.

---

(4) Veja-se, por exemplo, *The Way of the Lord Jesus*, vol. III, *Living a Christian Life*, Franciscan Press, Quincy, Illinois, 1993, pág. 642. Grisez reconhece que qualquer dos dois, o marido ou a mulher, pode levar a cabo a estimulação. Ver também John R. Cavanagh, *Fundamental Marriage Counseling*, Bruce Publishing Co., Milwaukee, Wisconsin, 1962, pág. 170.

Existem limites morais sobre o que um marido e a sua mulher podem fazer no terreno da intimidade sexual? No mesmo discurso às esposas, o papa Pio XII prevenia-as sobre o perigo de se tornarem escravas da sensualidade no matrimônio: «A seriedade e santidade da lei moral cristã não admite uma satisfação descontrolada do instinto sexual que tenda unicamente para o prazer e o gozo».

Por outro lado, nada se opõe à busca do prazer no ato conjugal como objetivo secundário: «O marido e a mulher, portanto, não agem mal quando procuram esse prazer e se deleitam nele. Aceitam o que o Criador lhes designou. Mas também aqui o marido e a mulher devem conhecer o modo de se manterem dentro dos limites de uma justa moderação. Como no caso do prazer da comida e da bebida, não devem abandonar-se sem restrições aos impulsos dos sentidos».

Outro meio que o homem tem para adaptar-se à sua esposa é ser o mais consciente possível das necessidades dela. A maioria dos homens pode ser feliz indo ao trabalho todos os dias das 9 às 18h, fazendo três refeições por dia e assistindo a um jogo de futebol aos domingos. As mulheres não são assim. Gostam de que as suas vidas sejam variadas. O homem que saiba disto e procure proporcioná-lo levará vantagem no jogo.

Eu animo as mulheres a desfrutarem de alguns dos seus entretenimentos cada semana, como jogar tênis ou sair com as amigas. Uma mulher não deve depender do seu marido para *todas* as suas diversões. Caso contrário, chegará a ser demasiado dependente, e pode começar a aborrecê-lo.

No entanto, o marido pode desempenhar um papel importante fazendo que a sua mulher tenha um pouco de cor na sua vida. Deve sair com ela cada semana ou cada quinze dias. (Da mesma forma que no namoro, deveria convidá-la para um plano no final de semana e ter tudo planejado dias antes. Se realmente deseja dar calor ao coração da sua esposa, poderia buscar por sua conta uma babá.) E também poderia organizar de vez em quando um fim de semana só para os dois.

O que toda a mulher pode fazer

O que uma mulher pode fazer pela felicidade do marido? A primeira coisa é proporcionar-lhe um lar cálido, feliz e atraente. Quando volta para casa, a esposa deve recebê-lo com um sorriso e um abraço, fazê-lo sentir-se bem, mesmo que tenha motivos para estar aborrecida. A casa é o refúgio do homem, e é importante que lhe seja grato regressar a ela. Mais tarde, ela poderá tocar algum assunto desagradável ou espinhoso, mas não quando ele acaba de chegar.

Outra coisa que encanta um marido é que a sua mulher lhe prepare algum prato especial. Ainda que ambos cozinhem bem, ela deveria fazer do jantar uma experiência agradável, cozinhando às vezes com os condimentos de que ele gosta e acrescentando alguns toques extras que demonstrem afeto.

Por certo, é muito importante que uma mulher seja receptiva às relações conjugais quando o marido as deseja, e não deve recusá-las sem um motivo grave. Mas isto não significa que não lhe faça ver a importância de ele ser sensível aos seus sentimentos mais íntimos e ao seu carinho para dispô-la à relação conjugal. Explicar-lhe-á com tato que, ainda que goste de partilhar dessa intimidade, as relações nascidas do amor sempre são muito mais gratas do que aquelas que nascem do dever.

O que ambos podem fazer

Coisas que os dois podem fazer: pendurar no quarto do casal um crucifixo que possa ser visto facilmente, e lembrar-se de que «o amor implica cruz; não é para os fracos!»

É essencial rezarem juntos e, quando vierem os filhos, reunirem a família para fazerem algumas preces à noite. Quando vocês se casarem, façam disto uma autêntica prioridade. É o melhor seguro contra o divórcio[5].

Como saber se preciso de ajuda?

Quando num casamento as coisas correm realmente mal, a solução não é pensar em divórcio, mas pedir conselho. Como é que um casal sabe que precisa de conselho?

1. Quando um ou ambos passam uma semana recusando-se a falar um com o outro.
2. Quando um deles se envolveu numa relação com um terceiro/a, ainda que apenas sentimentalmente. É a porta aberta para o adultério.
3. Quando, por dificuldades no relacionamento, o casal não mantém relações conjugais há mais de um mês.
4. Quando discutem com demasiado calor ou rispidez.

Nesses casos, pedir conselho não é nenhuma insensatez. Não se tem nada a perder e tudo a ganhar. Na época atual, em que muitos se casam por volta dos trinta anos, é razoável pensar que precisarão de conselho em alguma ocasião. É necessária muita humildade para fazê-lo, mas digere-se muito melhor a humildade do que o divórcio.

Se marido e mulher conhecem um sacerdote santo e sábio e o problema não é muito complicado, este ajudá-los-á a resolvê-lo em uma ou duas reuniões. Pode ser mais fácil recorrer

---

(5) Além de o casal se pôr de acordo sobre umas orações que rezem todos os dias em comum, cada um deve ter umas práticas de piedade pessoais. Em bastantes casos – embora não se possa generalizar – é útil participar de meios de formação que se dirijam especificamente à condição e às responsabilidades do homem ou da mulher (N. do T.).

a um sacerdote conhecido por ambos. Se não puder ajudá-los ou não os satisfizer, podem pedir referências de outro sacerdote ou conselheiro a um amigo que tenha conseguido bons resultados. Em qualquer caso, devem dirigir-se a alguém que acredite em Deus e na indissolubilidade do casamento.

Em resumo

Quando se casar, a sua entrega à esposa há de ser firme como rocha. Com a graça de Deus, faça com que seja inquestionável a sua promessa a Deus e ao seu marido ou esposa. Respeite o seu cônjuge e mostre-se educado em qualquer circunstância.

Não ponha em risco a sua fidelidade. Nunca fique a sós um tempo desnecessário com pessoas do sexo oposto.

Marido, quando vocês se casarem, trate sempre com grande cuidado o coração da sua esposa. Adapte o seu *tempo* ao dela nas relações sexuais e, antes de tê-las, fale carinhosamente com ela sobre coisas íntimas. Dê-lhe surpresas agradáveis de vez em quando.

Mulher, tenha presente o futuro proporcionando ao seu marido um «refúgio» atraente e feliz em casa. Seja carinhosas na convivência ordinária. Prepare pratos de que ele goste mais. Ensine-o a prepará-la para as relações conjugais.

Rezem juntos todas as noites. E prometam ambos, muito antes de se casarem, que irão procurar um sacerdote de bom critério e piedoso, se surgirem problemas reais na sua vida conjugal.

O matrimônio cristão (II):
Os filhos, o fruto do matrimônio

«Matrimônio» contém dois termos latinos, *matri*, que significa mãe, e *múnus*, missão. Portanto, o matrimônio é a missão da maternidade (e da paternidade). Baseia-se em que homem e mulher se amam tanto que o seu grande amor se extravasa em trazer filhos ao mundo, que são a sua maior coroa.

O Concílio Vaticano II falou com ardor da bênção que os filhos significam:

– «São o dom mais excelente do matrimônio e constituem um benefício máximo para os próprios pais».

– «Como membros vivos da família, os filhos colaboram a seu modo para a santificação dos pais. Com efeito, retribuirão de alma agradecida os benefícios dos pais com piedade e confiança e assisti-los-ão, como convém a filhos, nas adversidades e na solidão da velhice».

– «Assim, os cônjuges cristãos, confiados na Providência Divina, e cultivando o espírito de sacrifício, glorificam o Criador e caminham para a perfeição em Cristo quando exercem a função de procriar com responsabilidade generosa, humana e cristã. Entre os esposos que cumprem dessa maneira a missão que Deus lhes confiou, devem-se mencionar especialmente aqueles que, de comum e prudente acordo, acolhem com alma grande uma prole mais numerosa para ser dignamente educada»[1].

Portanto, os filhos contribuem para o bem e, sem dúvida, para a santificação dos pais. Com as suas atenções cheias de solicitude, demonstram aos seus pais agradecimento, carinho e confiança. E assim os pais que generosamente trazem filhos ao mundo, não só glorificam a Deus e crescem em perfeição, como recebem o reconhecimento que merecem[2].

Na *Familiaris consortio*, João Paulo II falava também do valioso dom que são os filhos: «Na sua realidade mais profunda, o amor é essencialmente dom, e o amor conjugal, enquanto conduz os esposos ao conhecimento recíproco que os torna "uma só carne" (cf. Gn 2, 24), não se esgota no interior do próprio casal, já que os torna capazes da máxima doação possível, pela qual se convertem em cooperadores de Deus no dom da vida a uma nova pessoa humana. Deste modo, os cônjuges, ao mesmo tempo que se doam entre si, doam para além de si mesmos a realidade do filho, reflexo vivo do seu amor, sinal permanente da unidade conjugal e síntese viva e indissociável do seu ser de pai e mãe»[3].

Os filhos, indefesos no começo, ajudam os seus pais a sair de si mesmos para que os amem e se realizem como pais e como educadores. São os novos e especiais amigos de seus pais. Pela sua mera existência, dão testemunho do amor entre marido e mulher por toda a eternidade. São uma fonte de

---

(1) *Gaudium et spes*, nn. 50, 48 e 50.
(2) Antes do Concílio Vaticano II, costumava-se passar por alto o valor «personalista» de ter filhos. Havia quem, infelizmente, os considerava um «fim biológico».
(3) João Paulo II, Exort. apost. *Familiaris consortio*, sobre a função da família cristã no mundo de hoje, n. 14.

amizade conjugal cada vez mais profunda, pois exigem o devotamento comum de marido e mulher. Costumam criar um vínculo entre os pais e a comunidade, de modo que abrem novos horizontes para as amizades.

Portanto, quando você pensar em trazer filhos ao mundo, não pense tanto no muito que lhe vai custar, mas em como o enriquecerão e nas bênçãos que lhe atrairão. E, ponderadamente, procure conseguir muitas dessas bênçãos.

Explosão demográfica?

Há muitos anos, Julian Simon[4], professor de Business Administration na Universidade de Maryland, iniciou uma pesquisa acerca do chamado problema da explosão demográfica: «Ironicamente, quando comecei os meus estudos sobre a população, convenci-me de que a argumentação sobre o controle da natalidade era válida e propus-me ajudar o mundo a conter a "explosão" demográfica [...]. Mas os meus estudos e as minhas pesquisas criaram-me uma grande confusão. Embora a teoria econômica em voga sobre a população [...] afirmasse que um elevado crescimento desta implicava uma diminuição do nível de vida, os dados empíricos disponíveis não apoiavam essa teoria. No meu livro de 1977 [...], cheguei a uma teoria que dava a entender que o crescimento da po-

---

(4) Julian Simon, falecido em 1998, foi membro do Cato Institute. A revista Fortune nomeou-o umas das 150 Grandes Mentes de 1990. Graduado em Harvard, obteve o título de Doutor pela Universidade de Chicago, Business School.

Em 1980, Simon apostou com quem quisesse que qualquer artigo básico (trigo, azeite, metais, o que fosse) seria mais barato dez anos depois. Paul Erlich, o alarmista sobre o tema da população, aceitou a aposta, e escolheu cobre, cromo, níquel, estanho e tungstênio como módulos de avaliação. Todos esses produtos caíram de preço espetacularmente. Erlich teve que pagar a aposta. A teoria de Simon era que as pessoas encontram, produzem e criam mais recursos do que os que empregam.

pulação tem efeitos positivos a longo prazo para a economia, ainda que tenha custos a curto prazo»[5].

E no volumoso livro *The Ultimate Resource II* (1996), sustenta que uma população que cresce paulatinamente é benéfica para o crescimento da economia. Afirma que uma diminuição do crescimento da população não incrementa a riqueza, mas a reduz. *A ajuda ao desenvolvimento é o modo de reduzir o que possa ser excessivo no crescimento da população*[6].

Em 1999, o consultor de negócios Peter Drucker escrevia: «O que sabemos com ciência certa – ainda que seja somente porque não há precedentes na história – é o colapso da taxa de natalidade no mundo desenvolvido»[7]. Neste começo do século XXI, a taxa de natalidade na Europa ocidental está abaixo do nível de reposição de 2,1 filhos por casal fértil. A taxa de natalidade nos Estados Unidos está um pouco acima de dois, mas ainda abaixo do nível de reposição. De modo que, se há algum problema de população no mundo desenvolvido, não é o de *super*população.

«Vamos esperar um pouco»

Há uns anos, eu preparava um casal para o casamento. Ela tinha 34 anos e ele 36. A futura esposa disse-me que iam esperar um pouco antes de começar a ter filhos.

---

(5) Julian Simon, *The Ultimate Resource II*, Princeton University Press, Princeton, New Jersey, 1996, pág. 31.

(6) Nos anos 1990, o estatístico dinamarquês Bjorn Lomborg leu um artigo de Simon em que afirmava que os profetas do desastre estavam enganados. Lomborg estava convencido de que Simon não era senão um propagandista de direita e reuniu alguns dos seus alunos mais inteligentes para demonstrá-lo. Ante a surpresa geral, descobriram que Simon tinha razão! Lomborg publicou as suas pesquisas em *The Skeptical Environmentalist: Measuring the Real State of the World*, Cambridge University Press, 2001.

(7) Peter Drucker, *Management Challenges for the 21st Century*, Harper Collins, Nova York, 1999, pág. 44.

– «Você fala a sério?», perguntei-lhe. «Você tem 34 anos. Se esperar, não poderá ter filhos».
– «Só esperaremos uns meses».
– «Por que querem esperar?», perguntei-lhe.
– «Porque primeiro queremos ter algum tempo para nos adaptarmos», replicou ela.
– «Mas o matrimônio está "ordenado para a procriação e educação dos filhos", como disse o Vaticano II. Deus sabe de quanto tempo vão precisar para adaptar-se. Quando se casarem, deveriam ser espontâneos na sua relação conjugal, especialmente na lua de mel. Por que não deixar que Deus ajude vocês nesta questão?»
– «Quer dizer que devemos deixá-la nas mãos de Deus?»
– «É claro. Na idade em que vocês estão, não terão muitas oportunidades de ter filhos. Se possível, terão dois ou três, não é assim?»

Falaram entre eles e decidiram abrir-se à possibilidade de ter filhos desde a lua de mel. Com efeito, ela voltou grávida.

Outro casal vinha pensando em esperar porque deviam mudar de casa daí a nove meses. Depois de alguma discussão, decidiram que abrir-se aos filhos era mais importante do que garantir uma mudança cômoda. Ela também ficou grávida durante a lua de mel. «Devido à nossa idade – escreveu-me um tempo depois –, decidimos tentar ter o primeiro filho imediatamente, e Deus abençoou-nos: fiquei grávida três semanas depois do casamento. A nossa decisão pôde ter parecido insensata às pessoas do nosso meio. Estávamos recém-casados e vivíamos com o salário de um marinheiro. O meu marido tinha planejado deixar a Marinha daí a sete meses e não tinha ainda nenhuma perspectiva de um trabalho seguro. Mas os caminhos de Deus não são os nossos caminhos. A maior bênção do nosso casamento foi termos tido um filho imediatamente. Mudamos de residência por causa do novo trabalho dele, estando eu grávida de sete meses e meio. Seis semanas depois, nasceu Patrick. O nosso bebê uniu-nos muito mais do que antes: estávamos os dois centrados no nosso filho. E isso tornou também mais fácil conhecermos as pessoas do nosso meio. Essa criança nascida tão cedo fez com que, a partir daí, nunca caíssemos na armadilha do egoísmo com o nosso tempo ou dinheiro. Muitos casais recordam com saudades o tempo em que, por ainda não terem filhos, eram livres para viajar e para gastar no que lhes apetecesse. Nós nunca tivemos essa sensação. Com esse filho, tínhamos imitado a Sagrada Família e a Santíssima Trindade. Que pode ser mais enriquecedor do que passarmos de ser dois a ser três?»

Muitos casais dão numerosas razões para «esperar». Algumas são para adiarem o casamento, mas outras são por ignorarem a finalidade do matrimônio ou o poder enriquecedor de ter filhos. Não vou entrar aqui nas razões e nas respostas, mas permitam-me citar de novo as maravilhosas palavras do Vaticano II: «A instituição do matrimônio e o amor dos esposos estão pela sua índole natural ordenados para a procriação e para a educação dos filhos, que são como que uma coroa com que os pais se cingem». Como é importante começar a vida matrimonial com plenitude de amor, de um amor que deseja expandir-se generosamente, trazendo ao mundo outros seres para que partilhem desse amor!

Isto não quer dizer que o planejamento familiar seja mau, mas somente que deve haver motivos graves para adiar ou limitar os nascimentos, como indicam a *Humanæ Vitæ* e outros documentos. A verdade é que, quando um casal inicia a sua vida matrimonial, deve procurar chegar à plena expressão do seu amor conjugal, que, por definição, inclui a abertura à vida[8].

---

(8) É, pois, conveniente que os noivos se casem animados com a perspectiva de ter uma prole numerosa, sem fixar a priori um número determinado de filhos: um, dois, três... A decisão de ter um novo filho não pode ser deixada à

A contracepção e o planejamento familiar natural

Outro tema em que se deve pensar previamente é o da anticoncepção. A Igreja Católica é uma das poucas instituições que se mostram contrárias à onda de anticoncepção que inundou o mundo a partir de 1960, ano em que apareceu a pílula. Por que a Igreja é tão «teimosa», como dizem alguns?

Muitos dos chamados anticoncepcionais, incluindo o DIU, a pílula, etc., são abortivos, parcial ou continuamente, e o aborto é em si um pecado grave. Quanto aos outros métodos de barrar a concepção, não são abortivos, mas está comprovado que nem sempre têm êxito: não são inteiramente seguros.

Quais são os problemas morais da anticoncepção? Brevemente: cria uma mentalidade anti-vida nos esposos[9], um amor centrado no casal, uma espécie de amor excludente. Simboliza um amor que não é completo[10]. E, por último,

---

mera conveniência pessoal, mas deve resultar de uma disposição de interpretar a vontade de Deus tal como vem significada pelas condições da família.

Se não há motivos para supor o contrário, deve-se presumir que Deus, sim, quer que o casal tenha um novo filho. Há mil provas de que cada novo filho é uma bênção de Deus, uma prova de confiança dEle nos pais, e de que não há por que temer problemas financeiros, porque, como já disse alguém de vasta experiência e muito santo, «cada novo filho traz um pão debaixo do braço» (São Josemaria Escrivá, *Entrevistas com Mons. Josemaria Escrivá*, 4ª ed., Quadrante, São Paulo, 2016, n. 94).

Se por alguma razão de peso é recomendável esperar até ter o primeiro filho (por exemplo, porque um dos dois tem que terminar os estudos universitários), pode ser preferível adiar o casamento (N. do T.).

(9) Evidentemente, isto é uma simplificação. O argumento teológico é como se segue: o dom procriador é sempre bom em si mesmo; é um dom essencialmente humano. A anticoncepção trabalha diretamente contra este bem. Sempre é imoral trabalhar contra um bem essencialmente humano. Cf. Ronald Lawler, OFMCap., Joseph Boyle Jr. e Willian E. May, *Catholic Sexual Ethics*, Our Sunday Visitor, Huntington, Indiana, 1985, pág. 159.

(10) *Familiaris consortio*, n. 32.

manipula e degrada[11] um ato que é sagrado e que tem uma delicada harmonia destinada ao bem dos esposos[12].

Por outro lado, o moderno planejamento natural dos filhos, ou controle natural da natalidade, é 99% mais eficaz, pois não depende da regularidade do ciclo e, como melhora a comunicação entre marido e mulher, afirma-se que, entre os que o empregam, a taxa de divórcios é de 5% ou menos. Além disso, muitos casais declaram que a abstinência os faz manter jovem o seu amor, fazendo-os concentrar-se em outro tipo de amor, ou seja o *ágape*, a amizade e o carinho. Um marido afirmava que era como viver o namoro e a lua de mel cada mês. É preciso acrescentar algo mais?[13]

Quantos filhos?

Quantos filhos deve ter um católico praticante? Tantos quantos possa *razoavelmente*. O filósofo médico Dr. Herb Ratner propõe que o número de filhos que um casal deve ter

---

(11) *Familiaris consortio*, n. 32.

(12) Uma das palestras mais convincentes sobre o uso da anticoncepção entre os casais é a de Janet Smith, intitulada «Contraception: Why not!». Pode-se comprá-la de One More Soul, www.OMSoul.com.

(13) Nona Aguilar recebeu 164 respostas ao questionário que, em meados dos anos 1980, enviou a vários casais de diferentes ambientes sociais, culturais e religiosos que praticavam o planejamento familiar natural. Somente um dos 164 casais se tinha divorciado (Nona Aguilar, *The New No-Pill, No-Risk Birth Control*, Ramson, Nova York, 1986, pág. 188). John e Sheila Kippley calculam que entre esses casais a taxa de divórcios varia entre um em cinquenta e um em vinte, enquanto a taxa nacional é de um em cada dois (John e Sheila Kippley, *The Art of Natural Family Planning*, Couple to Couple League, Cincinnati, Ohio, 1996, pág. 288). Esses estudos não são exaustivos e não incluem os casos em que nunca se fez uso de qualquer tipo de controle de natalidade. Mas indicam que nos EUA a taxa de divórcios é muito mais alta entre os casais que empregam métodos anticoncepcionais do que entre os que praticam o planejamento familiar natural.

para o bem-estar psicológico das crianças seja de três e o número ideal, cinco[14]. Assim, em princípio, três seria um bom número mínimo, e cinco o número ideal, a não ser que haja graves razões que o impeçam[15].

Que razões existem para limitar o número de filhos e empregar o planejamento familiar natural? Na Encíclica *Humanæ vitæ*, Paulo VI proporciona umas orientações gerais: «Tendo em conta as condições físicas, econômicas, psicológicas e sociais, a paternidade responsável exerce-se tanto entre os que ponderada e generosamente decidem aceitar uma família numerosa, como entre os que, por motivos graves e respeitando a lei moral, decidem evitar temporariamente, ou mesmo por tempo indeterminado, um novo nascimento».

Portanto, se existem sérias razões físicas, econômicas, psicológicas ou sociais (um motivo social poderia ser uma explosão demográfica *real*) para não ter filhos, pode-se empregar o planejamento familiar natural para evitar a gravidez.

Pode-se fazer uso dele para espaçar os filhos? Sim, ainda que o melhor modo de espaçar os filhos seja a lactação materna. Diz-se que o espaçamento ideal entre os filhos é de dois anos. A lactância completa, sem suplementos nem chupetas, faz com que, por não ter menstruação, uma mulher seja 99% estéril durante os seis primeiros meses. Depois, ao

---

(14) Herbert Ratner, «Cooperate with Nature», um capítulo do livro de Anthony Zimmerman, *Human Life Education*, esgotado. O dr. Ratner, um judeu convertido ao catolicismo, apresentou esse trabalho numa conferência pronunciada no X Congresso de The Fellowship of Católic Scholars, em 1987. A conferência pode ser encontrada (em inglês) em www.ewtn.com/library/FAMILY/NATURE.htm.

(15) Convém que a mulher tenha um ginecologista de confiança que não a induza a ter medo da gravidez, a usar anticoncepcionais ou a fazer a ligadura das trompas. Um ginecologista de mau critério pode ser causa de problemas graves na vida do casal, porque normalmente esse profissional tem um grande ascendente sobre a mulher (N. do T.).

introduzir alimentação sólida, a taxa cai para 94%[16]. Dessa forma, se uma mãe alimenta uma criança no peito durante pouco mais de um ano, chegou o momento de trazer outro filho ao mundo.

Os benefícios da lactância materna superam de longe os benefícios de espaçar os filhos, tanto para a mãe como para a criança.

A presença da mãe no lar

A maioria dos dados parece indicar que as crianças se sentem melhor se a mãe está presente no lar. Eis alguns desses dados:

– «As crianças que receberam os primeiros cuidados em creches (durante o primeiro ano de vida), mostraram níveis de aprendizagem e compreensão mais baixos que as outras, e problemas emocionais e no estudo ao chegarem aos oito anos»[17].

– Uma síntese de 88 estudos de ampla escala chegou à conclusão de que um cuidado não paterno de mais de 20 horas semanais provoca um inconfundível efeito negativo

---

(16) Sheila Kippley, «Summary of the Natural Mothering, Breast Feeding and Child Spacing Program» em www.ccli.org/breastfeed/bresfsum.html. Diz que, com o uso das técnicas de planejamento familiar natural, a taxa de fertilidade, ainda que se introduzam alimentos sólidos na dieta do último filho, pode ser reduzida de 6 a 1%. Dentre as mulheres que utilizam o seu «método ecológico de amamentação», 70% tiveram a primeira menstruação entre os nove e os vinte meses, quando a taxa é de 15 meses. Ver também Sheila Kippley, *Breastfeeding and Natural Child Spacing*, 2a. ed., Couple to Couple League, Cincinnati, Ohio, 1989.

(17) D.L. Vandell e M.A. Corasantini, «Childcare and the Family: Complex contributors to child development», em K. McCartney, *Child Care and Maternal Employment* («Cuidado infantil e emprego materno»), Josey-Bass, São Francisco, California, 1990.

no desenvolvimento sócio-emocional, no comportamento e no carinho dos filhos[18].

– Dez estudos de diferentes países relacionaram o ambiente das creches com o comportamento agressivo e negativo das crianças, e com a decrescente cooperação com os seus iguais e os adultos[19].

– Em 2001, o *Times* informava que um estudo «tinha mostrado que há uma conexão entre o tempo que a criança passa na creche e certos traços como agressão, desconfiança e desobediência... [e que] essas descobertas eram válidas independentemente do tipo ou qualidade dos cuidados, do sexo da criança, do status socioeconômico da família ou de as mães lhe darem depois uma atenção delicada em casa». As crianças educadas pela mãe «apresentam um terço dos problemas de comportamento que os que apresentam as que passam o dia todo na creche»[20].

E se a mãe tem uma importante carreira profissional? Eu conheci mães advogadas e médicas que passaram a ficar em casa com os filhos. É uma questão de prioridades. Dentro de cinquenta anos, o que você recordará? O seu trabalho como advogada ou médica, ou a educação que deu aos seus filhos?

---

(18) C. Violata e C. Russell, «Effects of non-maternal care on child development: a meta-analysis of published research», conferência apresentada no LV Congresso anual da Canadian Psychological Association. Penticon, British Columbia, 1994.

(19) Haskins R., «Public School aggression among children with varying daycare experience», *Child Development*, vol. 56, 1985, págs. 689-703.

(20) Sheryl Gay Stolberg, «Link Found Between Behavioral Problems and Time in Child Care», *New York Times*, 19.04.2001. O estudo começou em 1990 e referia-se a aproximadamente 1100 crianças de dez cidades muito diferentes. Até a data, era considerado o estudo mais exaustivo sobre as creches. Também aparece em Gregory Flanagan, «Daycare Is Harmful to Children», em *Liberation Journal*.

E lembre-se: ficar em casa com os filhos pequenos não significa que você não possa recomeçar a sua vida profissional. Uma vez que eles tenham crescido, poderá voltar ao mercado de trabalho.

A simplicidade cristã

Vejamos o caso de um homem que, durante o namoro, não ganha o suficiente para que a futura mulher não precise trabalhar. Considere isto na presença de Deus. Diga ao Senhor na sua oração que você gostaria de fazer o melhor para os seus futuros filhos e peça-lhe que o ajude a encontrar um trabalho que o permita. E depois ponha-se a buscá-lo *antes* de se casar e ter filhos.

Às vezes, um homem ganha pouco, mas seria suficiente para que a esposa ficasse em casa e cuidasse dos filhos, sempre que o casal vivesse a autêntica austeridade cristã, como já vimos antes. Em 1991, apareceu na revista *Parade* um artigo de Brad Lemley sobre um casal cujas receitas médias tinham sido de 30.000 dólares anuais durante sete anos. A esposa ficava em casa para cuidar dos filhos, e tinham economizado 7.000 dólares anuais para comprar uma casa. Como conseguiram? Controlando os gastos de cada tostão. A esposa, Amy Dacyczyn, escreveu vários livros sobre o modo como fizeram. Todos eles incluíam no título as palavras *Tightwad Gazette* («Gazeta do mão de vaca»)[21].

Num outro caso, uma mãe trabalhadora que se esforçava por atender ambas as obrigações foi entrevistada num programa de televisão. Analisaram o que ganhava e o que gastava. Quando fizeram o cálculo, descobriram que, se tivesse ficado

---

(21) Amy Dacyczyn, *The Complete Tightwad Gazette*, Nova York, 1998, 959 págs.; e *The Tightwad Gazette: Big Money Savin Guide*, Gramercy Press, 2002.

em casa, teria economizado dez dólares mensais... Ela começou a chorar. Vinha batalhando com todas as suas forças e para nada!

A chave para a segurança econômica não é conseguir um milhão de dólares, mas ser inteligente e gastar com prudência. Como costumava dizer Fulton J. Sheen, existem duas filosofias de vida. Uma é «primeiro a festa e depois sofrer a ressaca». A outra: «primeiro o jejum e depois a festa». Esta última é a filosofia cristã.

Aplicar isto à vida cotidiana significa que, se você vive austeramente durante os primeiros anos de vida profissional, sem comprar a crédito – exceto o primeiro carro ou a casa –, será capaz de viver confortavelmente com o que ganhe. Por quê? Porque, se começar a vida comprando menos, acostumar-se-á a não gastar, a não adquirir mais do que precise. E economizará um monte de dinheiro em juros.

Independentemente do que ganhem, os noivos sempre terão necessidade de economizar quando se casarem. Na realidade, deveriam começar a fazê-lo antes. Quando você vive com simplicidade, imita Nosso Senhor. Ele viveu com muito pouco, para mostrar ao mundo que a verdadeira riqueza não se encontra aqui, mas na vida futura. Como pode viver em paz um autêntico cristão, se ele ou ela se dedicam a comprar artigos de luxo, enquanto outros filhos de Deus carecem do necessário? Ter presentes os necessitados e procurar ajudá-los é imprescindível para a nossa salvação.

Na *Familiaris Consortio*, João Paulo II escreve: «Os filhos devem crescer numa justa liberdade diante dos bens materiais, adotando um estilo de vida simples e austero, convencidos de que "o homem vale mais pelo que é do que pelo que tem"».

Que melhor modo de ensinar aos filhos esse estilo de vida do que vivê-lo você mesmo? A prudência com o dinheiro livrá-lo-á de ansiedades, de discussões com o seu cônjuge e de desgostos. Ensinará os seus filhos a não serem materialistas. E se você for generoso com o Senhor, terá tudo aquilo de que precisa neste mundo e abundância no outro.

A educação

Não é o lugar de falarmos muito sobre isto, mas é preciso lembrar-se de que o matrimônio não está ordenado somente para a procriação dos filhos, mas também para a sua *educação*, que não é responsabilidade do Estado, mas dos pais. «Porque deram vida aos filhos – recorda o Concílio Vaticano II –, os pais contraem o dever gravíssimo de educar a prole. Por isso, hão de considerar-se como seus primeiros e principais educadores. Esta tarefa educacional revela-se de tanta importância que, onde quer que falhe, dificilmente poderá ser suprida. É, portanto, dever dos pais criar um ambiente tal de família, animado pelo amor, pela dedicação a Deus e aos homens, que favoreça a completa educação pessoal e social dos filhos»[22].

Na *Familiaris Consortio*, João Paulo II acrescenta outra ideia importante: «Qualifica-se o direito-dever educativo dos pais como *essencial*, por estar ligado à transmissão da vida humana; como *original e primário*, em relação ao dever de educar os outros, pela unicidade da relação de amor que existe entre pais e filhos; como *insubstituível e inalienável*, e, portanto, não pode ser delegado totalmente ou usurpado por outros».

Os pais são os primeiros educadores dos seus filhos e, moralmente, não podem confiar esse dever somente à escola, ao Estado ou à Igreja. Devem ser os primeiros educadores e têm, não somente o direito, mas o dever de controlar o que os seus filhos aprendem na escola que frequentam. Se nela se

---

(22) Concílio Vaticano II, Decl. *Gravissimum educationis* sobre a educação cristã, n. 3.

ensinam erros, devem buscar outra que os instrua no que é reto, ou pensar na escolarização dos seus filhos no lar.

E sobre a escolarização no lar?

Ainda que não seja para todos, o ensino no lar converteu--se em uma opção viável para muitas famílias. Exponho aqui alguns aspectos:

– Um amplo estudo sobre uma amostra de 1.516 famílias demonstrou que os alunos escolarizados em casa obtinham nos resultados das provas uma média de 30% de pontos mais alta que a média nacional[23].

– Segundo uma informação do National Home Education Research Institute, o Dr. Larry Shyers estudou o comportamento das crianças nos seus jogos e descobriu que os que tinham sido educados em casa denotavam muito menos problemas de comportamento que os seus homólogos da escola convencional. O Instituto atribuía esses resultados a que os pais são o melhor modelo de comportamento[24].

«Não há nada de remotamente católico – acrescenta a Dra. Mary Kay Clark – na teoria de que as crianças devem passar ao menos seis horas diárias, cinco dias por semana, num ambiente que ataque continuamente as suas crenças. Todos os textos laicos estão impregnados de valores anti-cris-

---

(23) Brian D. Ray, *A Nationwide Study of Home Education*, National Home Education Institute, Salem, Oregon, 1990. Ver Home Education Research Fact Sheet Ic em http://www.nheri.org/Research-Facts-on-Homeschooling.html.

(24) Larry E. Syers, «A Comparison of Social Adjustment Between Home and Traditionally Schooled Students», *Home School Researcher*, 8 (3), 1992, págs. 1-8.

tãos, de ideias do New Age, de critérios feministas, de um único governo mundial na "Nova Ordem Mundial". Mas o pior é [...] a mentalidade de que tudo é relativo, de que não há verdades absolutas, de que Deus pode não existir e de que uma doutrina é tão boa como qualquer outra. Integração não é paganização. Às pessoas que me perguntam pela integração dos meus filhos, sempre lhes respondo que não hão de ir à escola para aprender uma linguagem vulgar, para aprender como usar camisinhas [...] ou zombar de coisas sagradas. Os nossos filhos não devem socializar-se, se por socialização se entende a formação das suas mentes e dos seus corações nos mesmos valores da sociedade em que vivemos»[25].

Em resumo

Consideremos os filhos como um dom precioso de Deus, «o supremo dom do matrimônio». Os pais sejam generosos aceitando os filhos que o Senhor envia, sabendo que, como diz Julian Simon, eles e a inocência que trazem são a maior arma para melhorar o mundo. Tratem de abrir-se aos filhos muito cedo, de estabelecer um amor generoso, de entrega da vida desde o princípio. Se for preciso limitar o numero de filhos por haver razões muito sérias, empreguem os métodos de planejamento familiar naturais. Evitem a anticoncepção a todo o custo.

Disponham-se a ter pelo menos três filhos, para criar um bom ambiente psicológico na família. Se for necessário, movam céus e terra para que a mãe permaneça no lar com os filhos. Lutem por viver austeramente por amor a Deus. E dediquem-se com o maior esmero à tarefa de educar os filhos. Pensem na escolarização no lar.

---

(25) Mary Kay Clark, *Catholic Home Schooling*, TAN Books, 2009, Charlotte, North Carolina, pág. 80.

O noivado cristão

O que faz que um noivado seja cristão? Algum tempo atrás, um jovem fez-me o relato do seu noivado. Parecia tão cristão e tão católico que obtive a permissão para publicá-lo (os nomes foram trocados).

«Em 11 de fevereiro de 2002, festa de Nossa Senhora de Lourdes, eu, Joshua Brown, pedi Felicity Smith em casamento. Ela disse que sim!

«É um momento incrivelmente extraordinário! As graças do compromisso são realmente poderosas e maravilhosas. Ao revelar-se e mostrar-se seguro ante os nossos olhos, o plano de Deus dá-nos uma formidável lição de humildade.

«Bem, sobre o pedido. Há tempos que eu queria propô-lo no dia de Nossa Senhora de Lourdes. É uma festa muito especial para mim, pois foi em Lourdes que me curei de uma lesão no joelho. É também uma festa simples, tranquila e cheia de amor, na qual a Virgem Maria disse que era a Imaculada Conceição. E em outubro ou novembro tive uma inspiração: deveria pedir Felicity em casamento na festa da Imaculada Conceição. Bem, não achei oportuno o dia 8 de dezembro, por parecer-me demasiado precipitado, e acabei por fazê-lo numa festa associada à da Imaculada Conceição.

«Sem que Felicity o soubesse, fui falar com os seus pais. Ia muito contente, pois acabara de receber dela uma carta em que me dizia sentir-se feliz com a nossa situação, e admirada de ver para onde Deus nos levava.

«Na véspera do dia 11 de fevereiro[1], perguntei-lhe se no dia seguinte viria comigo à Missa das 17h15 na cripta da igreja da Imaculada Conceição. Depois da Missa, pedi-lhe que viesse rezar comigo diante do sacrário, onde havia dois genuflexórios. Tinha combinado com os seguranças que deixariam livre o lugar antes das 18h, horário de fechar, e que me dessem dez minutos para que eu fizesse o meu pedido. Estivemos rezando alguns minutos.

«Pedi então a Felicity que rezasse comigo uma oração ao Espírito Santo pelo que eu ia fazer. Pus-me de joelhos e disse: – "Felicity Elizabeth Cecília Smith, agora aproximo-me de si como um homem, como um irmão, como o seu melhor amigo e como um apaixonado. Ajoelho-me aqui diante de você e diante do nosso dulcíssimo Senhor Jesus para lhe pedir que seja minha esposa. Convido-a para este caminho da nossa vocação a fim de que, juntos, possamos amar e servir a Deus, amar-nos e servir-nos um ao outro, e amar e servir os outros. Não posso imaginar a minha vida sem você. Quer casar-se comigo?"

«Ela disse: – "Sim! Sim! Louvado seja Deus!" Abraçamo-nos durante um bom tempo.

«Pois bem, ainda há mais. Eu tinha colocado a Bíblia e duas rosas diante de uma imagem da Virgem na gruta que reproduz a de Lourdes. Li uma passagem da Sagrada Escritura que tinha escolhido e depois coloquei as rosas aos pés de Maria, pedindo-lhe que fosse a nossa Mãe e guia nos meses vindouros.

«A seguir, pedi-lhe que fizesse uma pequena viagem comigo. No percurso, pus uma gravação que tinha intitu-

---

(1) Festa de Nossa Senhora de Lourdes (N. do T.).

lado "45 razões para Felicity e Joshua Brown se casarem". Eram sérias e divertidas ao mesmo tempo.

«Levei-a a Falls Church, na Virginia, onde uns antigos companheiros de quarto do meu irmão tinham uma encantadora casa com assoalhos de madeira e lareira. Previamente, o meu irmão tinha preparado uma mesa com uma fotografia minha e de Felicity, tirada no dia de Páscoa em Steubenville, pouco depois de termos começado a sair juntos. A lareira estava acesa. Tínhamos vinho, velas, e estava servido um jantar trazido do Maggiano, o nosso restaurante italiano favorito. Foram uns momentos de descontraída intimidade para ambos. Cantei "Segue-me", a canção de John Denver. Depois, os três companheiros de quarto apareceram com sombreros mexicanos e dedicaram-nos uma serenata. [...]

«Que noite tão bonita! É surpreendente verificar de que modo, quando procuramos seguir a vontade de Deus, Ele permite que as coisas se desenrolem com simplicidade e sem complicações. Vejo com toda a clareza que, em qualquer decisão importante que tomemos, certamente precedida por um tempo de prova, em geral não receberemos grandes consolos, mas sem dúvida uma perdurável segurança nos nossos corações, graças à oração.

«Louvado seja Deus! Sou feliz e sinto-me abençoado por estar apaixonado por uma mulher assim, que reflete para mim a beleza de Deus em tudo o que é e faz».

Falar com os pais

Entre pessoas educadas e sinceras, é costume que o homem peça permissão aos pais da namorada para fazer o pedido à sua filha, como fez Joshua devidamente. É algo fora de moda, mas não deixa de ser uma dessas tradições deliciosas que simbolizam a unidade da família. No meio do caos em que a nossa cultura envolveu o namoro, este costume começa a voltar.

É preciso fazê-lo sempre? Não, se existe alguma razão grave que o desaconselhe.

O noivado

Uma vez que estejam prometidos, não é necessário que os noivos se vejam com maior frequência. Se antes se vinham encontrando duas ou três vezes por semana, mantenham essa periodicidade durante o noivado. É possível que tenham de ver-se mais vezes, já que se preparam para o casamento, mas não devem saturar-se com a presença mútua só por estarem noivos. Mantenham o mesmo costume. Não deixem, porém, de sair para jantar ou dançar periodicamente. É algo importante em qualquer etapa de um relacionamento, mesmo para os casados.

Falar com um sacerdote

Uma vez iniciado o noivado, é o momento de falar com o sacerdote da paróquia sobre a celebração do casamento. Em geral, as paróquias exigem pelo menos seis meses de preparação, mas a maioria dos casais deixa passar muito mais tempo, pelo menos um ano.

Que paróquia, a dele ou a dela? Tradicionalmente, o casamento celebra-se na paróquia da noiva, mas podem fazê-lo em uma ou outra. Por outro lado, se por alguma boa razão desejam casar-se em outra paróquia, devem pedir a permissão do seu pároco.

Em qualquer caso, a noiva, não o noivo nem o pai ou a mãe, deve ter primazia para escolher o lugar da cerimônia. Pode escolher a igreja onde assiste à Missa habitualmente. De qualquer modo, deverá escolher o lugar de comum acordo com o noivo e tendo em conta as circunstâncias da maioria dos convidados.

E se quiserem que outro sacerdote que não o pároco, bom amigo de vocês, celebre o casamento? Não há problema, desde que peçam autorização ao pároco.

Os cursos de noivos

A preparação para o casamento faz-se habitualmente na paróquia onde vai ter lugar o evento, mas, se houver alguma razão importante, pode confiar-se essa tarefa a qualquer sacerdote.

Geralmente, a Igreja dispôs certos itens na preparação pré--matrimonial:

1. Uma entrevista inicial com o sacerdote.
2. A investigação pré-nupcial: um questionário-padrão que o sacerdote e os noivos preenchem.
3. Uma espécie de teste pré-matrimonial. É muito útil. Consta de um grande número de perguntas sobre questões que poderiam afetar o matrimônio. Geralmente, as respostas devem ser analisadas pelos noivos em conversa com o sacerdote. Pode ser que descubram aspectos sobre os quais anda não tinham discutido, e que, em alguns casos, revelem motivos suficientemente sérios para que o casal decida não levar avante o casamento.
4. Os Cursos de Preparação podem ser em forma de aulas com um sacerdote e alguns casais. Para encontrar as melhores aulas, pode-se pedir conselho a sacerdotes de confiança e a outros amigos.
5. A papelada requerida para os nubentes católicos é um certificado recente de batismo e o de crisma. Deve estar datado dentro dos seis meses anteriores à cerimônia. Se surgi-

rem dificuldades para obter esse certificado (por exemplo, se a igreja onde a pessoa foi batizada foi destruída), pode valer uma carta de alguém que tenha conhecido a pessoa durante toda a vida e nela afirme que ele/a não contraiu matrimônio anteriormente.

6. Se um católico se casa com um não batizado, requer-se uma dispensa e uma permissão expedida pela Cúria diocesana. O formulário serve para qualquer dos dois. O católico deve certificar-se de que o cônjuge-não católico não lhe levantará obstáculos para que continue a viver a sua fé católica e fará tudo o que esteja ao seu alcance para educar os filhos como católicos[2]. O nubente não-católico deve conhecer este quesito e dar a sua palavra de que está de acordo com ele.

Despedida de solteiro

Desde meados do século XX, a tradicional despedida de solteiro tem sido tudo menos católica. Em muitos casos, é uma despedida análoga ao «adeus à carne» do Carnaval, na terça-feira anterior à Quarta-feira de Cinzas. Ambos são um lamento pagão por compromissos tão nobres.

É claro que existe em tudo isso um certo grau de jocosidade, mas as coisas vão frequentemente mais longe, e abundam a bebida, o sexo e as zombarias ao matrimônio.

O sacerdote que me ensinou a teologia do matrimônio sugeria que, antes de um casamento, era mais apropriado um retiro do que uma despedida de solteiro.

Por outro lado, não haveria nada de mau que uns rapazes, se o desejassem, celebrassem juntos o que se poderia chamar um despedida cristã de solteiro. Eu assisti a uma na qual os

---

(2) A que se deve esta condição? A que, por crermos que a fé católica foi estabelecida e corroborada por Jesus Cristo, o próprio Deus (Mt 18, 20), existe a obrigação moral de educar os filhos nessa mesma fé.

amigos do noivo lhe faziam umas gozações divertidas, mas limpas. Neste caso, seria um bonito pormenor que, no final, o noivo os convidasse a fazer um pequeno discurso sobre as boas qualidades do matrimônio ou um simpático brinde em honra do casal e do estado matrimonial.

A última semana

Em mais de uma ocasião, uma noiva ligou-me sobressaltada uma semana antes do dia do casamento: «Não sei se posso casar-me com esse homem. Vem-se comportando como um imbecil!» E falamos de bons noivos católicos!

Os dias anteriores ao casamento podem ser os mais angustiantes na vida de qualquer um. Quando uma pessoa vive no meio de uma grande tensão, pode dizer as coisas mais desagradáveis. Não é o momento de deixar-se levar pelo pânico. Sempre digo às noivas – e aos noivos – que não se preocupem se discutem muito nessa última semana. Se os três meses anteriores foram bons, e nem ele nem ela fizeram nada de estranho, como ter uma aventura com uma pessoa convidada para a festa, para a frente com a cerimônia! As catástrofes de última hora são bastante comuns. Talvez seja por isso que existe a superstição de que os noivos não devem ver-se na manhã do casamento.

Eu recomendaria a todos os noivos que não se vissem muito na semana anterior. Isso fará com que o coração se sinta mais enamorado.

Em resumo

Para um autêntico noivado cristão, procurem criar um ambiente religioso, e rezem juntos agradecendo ao Senhor que os tenha feito conhecer-se e encaminhar-se para o matrimônio. O homem deve solicitar permissão aos pais da noiva antes de pedir-lhe a mão. Não procurem ver-se com maior frequência depois do estarem prometidos. Não se esqueçam de ter algum programa alegre, ainda que se vejam mais para estudar os planos do casamento. Levem a sério a preparação pré-matrimonial e cumpram todos os quesitos: são para o bem de vocês. O noivo pode pedir aos seus amigos que organizem uma despedida de solteiro, mas com poucas bebidas, sem farra, e na qual cada um diga algo divertido sobre o casal, mesmo em tom de sadia brincadeira com o noivo. E não se preocupem demasiado pelas discussões que surjam na última semana. Se os três meses anteriores ao casamento foram bem, então para a frente com o casamento!

Um casamento católico

São muito raras as oportunidades que os sacerdotes têm de celebrar um autêntico casamento católico. Nem sempre é culpa dos noivos. Muitos deles nunca receberam um bom conselho sobre como celebrá-lo de modo que agrade ao Senhor.

Vestido discreto

A noiva que procura agradar ao Senhor, mais do que ao mundo, deverá pensar cuidadosamente no seu vestido. Um vestido de noiva realmente discreto terá mangas (curtas no verão e compridas em tempo mais frio) e um decote que cubra o peito completamente. O decote das costas também será alto. O vestido das amigas que atuam como madrinhas deve ter um estilo parecido. Os sacerdotes nem sempre se lembram de comentar este ponto nas primeiras entrevistas, e, se o deixam para depois, costuma ser demasiado tarde. Numa palavra, que as noivas se vistam para Cristo, não para o mundo.

A Missa nupcial

Pelas enormes graças que se recebe na Missa, recomendo encarecidamente que o casamento inclua a Missa nupcial. Devia ser o normal, se ambos os nubentes são católicos. Há sacerdotes que desaconselham a Missa se um dos dois não é católico (se você se casar com um não-católico, existe a cerimónia sem Missa), já que pode ser causa de uma divisão entre os assistentes no momento da Comunhão. Por outro lado, porém, a graça que se recebe numa Missa nupcial pesa mais que qualquer inconveniente provocado pelas diferenças religiosas.

No momento da Comunhão, eu anuncio em todos os casamentos: «Os católicos que estejam em estado de graça e assistam à Missa todos os domingos são bem-vindos à mesa da Comunhão. Os demais podem aproximar-se para receber a bênção». Os não-católicos e os católicos não-praticantes parecem ficar muito satisfeitos com esta solução.

As leituras da Missa e outras leituras

Geralmente, o sacerdote entregará aos noivos um folheto com a lista das leituras recomendadas. Se vocês quiserem, podem escolher outras leituras bíblicas, mas as recomendadas pela Igreja são as apropriadas para um casamento. Proponho as seguintes, que são as minhas favoritas:

Primeira Leitura: Gênesis 2, 18-24, que fala da criação do homem e da mulher, e diz que o homem deve deixar o pai e a mãe para unir-se à sua esposa.

Salmo Responsorial: Salmo 128, 1-5. A resposta é «Felizes os que temem o Senhor» e fala de como Deus abençoa o trabalho, a mulher e os filhos daqueles que temem o Senhor.

Segunda Leitura: I Coríntios 13, 1-13, muito popular e muito apropriada, pois trata das virtudes no amor: «O amor é paciente, é benfazejo, não tem inveja...»

Evangelho: Mateus 22, 35-40, o grande mandamento do amor, ou também Marcos 10, 6-9. Neste último texto, Jesus cita a passagem anterior do Gênesis e termina com as palavras: «O homem não separe, pois, o que Deus uniu».

Vocês devem pôr-se de acordo com o sacerdote sobre a escolha do texto do Evangelho. Ele pode desejar escolhê-lo de acordo com a homilia. Vocês também têm a opção de escolher as orações iniciais e finais, o prefácio e a bênção nupcial. Eu recomendo que deixem essas coisas nas mãos do sacerdote.

Há também a opção de escolher até quatro leitores para a Primeira leitura, Salmo Responsorial (recomendo um cantor), Segunda leitura e Orações dos fiéis. Se se celebra uma Missa nupcial, os leitores devem ser católicos. Sugiro encarecidamente que esses leitores, se não estão acostumados a ler nas Missas, treinem para ler bem em público.

Vocês mesmos podem preparar o texto das Orações dos fiéis, ainda que poucos casais o façam. Seria um bonito detalhe que se evocassem nessas preces os parentes mais próximos já falecidos.

Promessas

A fórmula das promessas costuma ser a que vem no respectivo ritual: «Eu, Antônio, recebo-te, Luísa, por minha mulher (meu marido), e prometo ser-te fiel, amar-te e respeitar-te, na alegria e na tristeza, na saúde e na doença, todos os dias da nossa vida».

Geralmente, o sacerdote vai pronunciando as promessas e vocês vão repetindo as suas palavras. Se quiserem arriscar um pouco, podem aprender o texto de cor. O noivo do único casal que me lembro de ter feito assim, quando chegou o momento das promessas, disse: «Eu, Herbert, recebo-te a ti, Penélope, como meu esposo...» Eu interrompi: «esposa, esposa!...»

Música

A boa música religiosa é fundamental num casamento católico. Convém que vocês conversem com o responsável musical da paróquia e selecionem com ele as músicas ao menos três meses antes do grande dia. (Nem é preciso dizer que destoam muito as músicas de rock and roll, ou de filmes). Além disso, recomendo que procurem um organista e pelo menos um cantor.

Formato tradicional das bodas

O costume é que o noivo espere pela noiva no presbitério, enquanto os convidados permanecem em silêncio no corpo da igreja. A noiva chega uns minutos antes da cerimônia, acompanhada pelo padrinho, geralmente o pai ou um irmão, e avança para o presbitério. Um dos detalhes que definem um verdadeiro casamento católico é a genuflexão que os noivos fazem dirigindo o olhar para o sacrário; depois, permanecem de pé diante dos seus genuflexórios enquanto o sacerdote dá início à Missa. Após o Evangelho, o sacerdote sai do altar e aproxima-se dos nubentes, enquanto todos se sentam.

Geralmente, é agora que os noivos fazem as suas promessas, o que, além de ser o habitual, é também o mais teológico, porque sublinha que a cerimônia é uma oração e uma promessa, não um espetáculo para os assistentes. As alianças são abençoadas, cada uma é colocada pelo nubente no dedo do outro, e assim o compromisso matrimonial fica formalizado.

O sacerdote continua com a oração eucarística, o Pai Nosso e a bênção nupcial. Chega o momento da Comunhão. Depois, os noivos ajoelham-se em ação de graças por haverem recebido o sacramento. Lembrem-se: é muito conveniente que os nubentes se tenham confessado antes e assim estejam em estado de graça e comunguem[1]. O sacerdote pronuncia a oração final.

---

(1) O sacerdote deve destacar que é muito importante que os nubentes se casem em estado de graça, isto é, tendo-se confessado previamente. Além de assim poderem comungar, o certo é que, sem o estado de graça, o matrimônio não deixa de ser válido, mas os *efeitos* do sacramento ficam bloqueados até o momento em que se confessem (N. do T.).

A seguir, a noiva costuma depositar o ramo de flores aos pés da imagem da Santíssima Virgem, ajoelha-se diante dela e pede-lhe ajuda para chegar a ser boa esposa e boa mãe. Os cumprimentos, à saída, podem durar um certo tempo, e o casal procurará ter até o fim um sorriso e umas palavras cordiais de agradecimento, mesmo para com os convidados que não conheça pessoalmente.

Irreverências que se deve evitar

Em geral, é conveniente que os convidados tenham uma atitude respeitosa antes e durante a cerimônia. Uma Missa de casamento é um acontecimento sagrado, não um concerto de rock. Celebrei um casamento em que duas testemunhas cochicharam o tempo todo e, durante a homilia, fizeram um gesto para a noiva, que se virou para elas. Olhei-a e, com um sorriso, levei um dedo aos lábios. É um comportamento irreverente.

Outra coisa que pode estragar a cerimônia é a excessiva movimentação de um fotógrafo imprudente. Num casamento na catedral de Washington, o fotógrafo fez a noiva deter-se enquanto se dirigia ao altar, para disparar a sua máquina. Movia-se continuamente diante dos convidados, distraindo a todos. Outro fotógrafo colocou-se atrás do altar no meio da cerimônia, fazendo perder a concentração aos noivos e à assistência. Se se trata de uma gravação de vídeo, o fotógrafo deve procurar não andar movendo sem parar os focos por toda a igreja. Será que é consciente da santidade do momento? Um casamento não é uma sessão de fotos ou de filmagem.

Não se compliquem

Uma cerimônia de casamento pode chegar a ser uma prova para os que procuram viver a austeridade cristã. Geralmente, pensamos que se trata de fazer desse momento algo que deslumbre. E isso pode levar muito longe, especialmente no que diz respeito à festa.

Celebrei muitos casamentos em que as recepções mais agradáveis que se seguiram não foram as mais caras em salões de festa chiques. Duas das minhas sobrinhas receberam os convidados em clubes de campo; em geral, são menos caros. No casamento de outra sobrinha, os pais montaram um grande toldo na parte de trás do pátio e fizeram ali a recepção. Algumas das recepções mais agradáveis a que assisti foram nas instalações da paróquia, decoradas com muito bom gosto.

Os carros são outra fonte de gastos desnecessários. Para quê esses carrões frequentemente ridículos?

Se somos realmente cristãos, devemos lutar por fazer as coisas agradáveis, mas não ostentosas. Pensem na hospitalidade, na boa comida e no bom vinho, mas também na moderação. O dinheiro que economizem pode ser doado aos pobres ou à paróquia.

Em resumo

Uma cerimônia de casamento começa pela escolha de um vestido recatado. Procurem um sacerdote que seja piedoso e que se disponha a celebrar a Missa nupcial. Escolham leitores experientes e boa música religiosa. Peçam ao sacerdote que ouça confissões antes da cerimônia. Escolham umas testemunhas que não atrapalhem vocês no altar, e um fotógrafo que seja respeitoso durante o casamento. Por último, tratem de organizar uma bonita recepção, sem tacanhices, mas observem a sobriedade cristã. O sacramento do matrimônio é algo grande, mas Deus o é ainda mais.

Direção geral
Renata Ferlin Sugai

Direção editorial
Hugo Langone

Produção editorial
Juliana Amato
Gabriela Haeitmann
Ronaldo Vasconcelos

Capa
Gabriela Haeitmann

Diagramação
Sérgio Ramalho

ESTE LIVRO ACABOU DE SE IMPRIMIR
A 28 DE NOVEMBRO DE 2023,
EM PAPEL PÓLEN NATURAL 70 g/m².